新闻采编与传播发展研究

段晓芳◎著

时代文艺出版社
SHIDAI WENYI CHUBANSHE

图书在版编目（CIP）数据

新闻采编与传播发展研究 / 段晓芳著. -- 长春：
时代文艺出版社, 2023.12
　ISBN 978-7-5387-7247-0

　Ⅰ.①新… Ⅱ.①段… Ⅲ.①新闻采访②新闻编辑
Ⅳ.①G21

中国国家版本馆CIP数据核字(2023)第205768号

新闻采编与传播发展研究
XINWEN CAIBIAN YU CHUANBO FAZHAN YANJIU

段晓芳　著

出品人：吴　刚
责任编辑：卢宏博
装帧设计：文　树
排版制作：隋淑凤

出版发行：时代文艺出版社
地　　址：长春市福祉大路5788号　龙腾国际大厦A座15层（130118）
电　　话：0431-81629751（总编办）　　0431-81629758（发行部）
官方微博：weibo.com/tlapress
开　　本：710mm×1000mm　1/16
字　　数：213千字
印　　张：14.25
印　　刷：廊坊市广阳区九洲印刷厂
版　　次：2023年12月第1版
印　　次：2023年12月第1次印刷
定　　价：76.00元

前　　言

　　新闻采编与传播的发展一直是媒体行业中备受关注的议题。受到技术、社会和文化等多方面因素的影响，这个领域不断演变。从传统媒体时代到数字化时代，新闻业经历了翻天覆地的变革，媒体机构不得不不断地适应新的挑战和机遇。新闻采编与传播是媒体行业中至关重要的环节，不仅是信息传递的媒介，更是社会对事实的了解和对问题的关注的源泉。

　　这个领域也受到科技、社会、文化等多方面因素的塑造。在这个变革的过程中，新闻采编的方式和传播模式发生了巨大的变化。数字技术的崛起使得新闻报道更加实时、互动和个性化。社交媒体的兴起改变了信息传播的格局，每个人都有可能成为新闻的传播者和参与者。

　　与此同时，可持续发展的理念逐渐渗透到新闻业中。媒体机构开始关注环保、社会责任、反腐倡廉等议题，通过深度报道和跨界合作，致力于推动社会的可持续发展。

　　本书将深入探讨新闻采编与传播发展的多个方面，包括但不限于新闻的个性化与定制化、大数据分析在新闻报道中的应用、虚拟现实与互动新闻体验等。通过这些讨论，希望为新闻行业的从业者和关注者提供一些启发。让我们共同探索新闻领域的未来，共同推动新闻业的可持续发展。

目　录

第一章　新闻采编的历史演变

第一节　早期新闻传播形式

一、口头传播的起源

（一）口头传播在早期社会中的重要性

在早期社会，口头传播扮演着至关重要的角色。这种传播形式为社会的交流和信息传递提供了重要的平台。首先，口头传播具有即时性，能够迅速传达信息，尤其在面对紧急情况或突发事件时，口头传播是不可或缺的工具。其次，口头传播是一种互动的过程，通过言语和非言语的交流，社群成员之间建立了更加紧密的联系。这种交互性有助于强化社会组织，促进合作和共同体验。

在早期社会，部落传统和神话故事通过口头传播被传承下来。这种传承方式不仅仅是信息的传递，更是价值观和认同感的形塑。社群通过共同分享和传颂故事，加强了成员之间的共同认同感，形成了独特的文化认同。口头传播也在社会组织中发挥着关键作用，是领导者与成员之间沟通的桥梁。信息的快速传递和领导者的口头指导有助于维持秩序、应对威胁，并形成社群内的集体行动。

传统传播媒介如鼓、烟火信号等也是早期社会中口头传播的一部分。这些媒介不仅是信息传递的工具，更是社交的催化剂。社群通过这些媒介建立联系，分享消息，加强了社会网络的纽带。然而，口头传播也带来了对信息可靠性的挑战。随着信息传递的口口相传，有时会出现信息失真和变形。这种失真可能是无意的，也可能是有意的，但无论如何，它影响了信息的准确性和可信度。

综合而言，口头传播在早期社会中是一种至关重要的社交和信息传递方式。它不仅推动了社会组织和文化的形成，也为社群提供了相互联系的机会。然而，同时也伴随着信息失真的风险，需要找到方法来平衡这一问题，以确保口头传播的有效性和可靠性。

（二）部落传统和神话故事的传承

1.部落传统的重要性

在早期社会，部落传统是口头传播的核心内容之一。这包括部落的习俗、传统和日常生活中的经验教训。这些传统不仅仅是一种行为准则，更是集体记忆的关键组成部分。通过口头传播，部落成员能够学习和理解这些传统，从而继承并传承给后代。

（1）习俗与行为规范。部落传统中包含了特定的习俗和行为规范，这些规范不仅规定了个体的行为，也塑造了整个社群的道德观念。口头传播是这些习俗的传承媒介，通过故事、歌谣和口头传播，社群成员得以深入理解并遵循这些规范。

（2）集体记忆的建构。部落传统还构成了集体记忆的一部分，记录了部落的历史、成就和困境。通过祖先的故事和经历，口头传播将部落的集体记忆传递给后代。这有助于形成共同的身份认同，加强部落的凝聚力。

2.神话故事的角色

神话故事在口头传播中是特殊而重要的内容，不仅仅是传递信息的载体，更有着塑造文化、解释自然现象和传达价值观念的作用。

（1）文化的形成与传承。在早期社会，习俗与行为规范是部落传统中至关重要的元素。这一方面影响了个体的行为，另一方面也塑造了整个社群的道德观念。习俗是社群内共同遵循的行为准则和传统惯例。它们可能涉及日常生活、社交活动、宗教仪式等方面。习俗不仅是一种行为方式，更是文化传统的具体表现。这些习俗对个体的行为产生深远的影响，通过规定个体的举止和交往方式，形成了一种共同的行为标准。例如，在狩猎、庆祝节日或婚礼等场合，特定的习俗规定了参与者的行为，使社群成员在特定情境中表现得一致而有序。口头传播在习俗传承中扮演着关键的角色。通过故事、歌谣和口头传播，社群成员将习俗传递给新一代。这种传承方式不仅仅是机械地传递规定，而且通过生动的故事和实例，传达习俗背后的价值观和重要性。口头传播使习俗得以活化，成为社会中共同遵循的生动传统。行为规范是社群对成员行为制定的一系列准则，涉及到道德、礼仪和社会责任等方面。这些规范不仅塑造了个体的行为，也反映了社会对道德标准的期望。口头传播在塑造整个社群的道德观念方面发挥着关键作用。通过口头传播传递的故事和歌谣，社群成员学习到哪些行为是受欢迎的、被认可的，哪些是被视为不端的。这种道德观念的形成通过口头传播不断强化，成为社会共同的价值观。行为规范通过口头传播促使个体融入社群。通过学习并遵循这些规范，个体能够更好地融入社群，建立互信和合作的关系。这有助于形成一个有秩序有共同价值观的稳定社会。综合而言，口头传播在习俗与行为规范的传承中发挥了关键作用。通过生动的口述故事，社群成员能够深入理解习俗的价值和行为规范的重要性，从而形成可以共同遵循的文化传统和社会准则。

（2）自然现象的解释。神话故事在早期社会中常常用来解释各种自然现象，从天空中的星座到季节的变化，这些故事既满足了人们对未知事物的好奇心，又为他们提供了应对自然环境的指导。神话故事不仅是文化传承的一部分，也是对自然现象的独特解释。在天文学方面，人们通过神话故事来解释星座的形成和运动，赋予星星神秘而富有象征意义的故事。这不仅满足了人们对夜空的好奇心，还在某种程度上帮助他们导航和计时。

此外，神话故事还解释了季节的变化。通过故事中的神话人物和事件，人们能够理解为什么会有春夏秋冬的轮回，以及这些季节变化对人们的生活和农业有着什么影响。这种解释不仅满足了人们对自然现象原因的好奇心，还帮助他们预测和适应环境的变化。这些神话故事不仅仅是科学知识的替代品，更是文化中的重要元素。它们传达了人们对自然界的尊重之心和敬畏之情，以及对生活中各种经验的理解。通过口头传播，这些故事代代相传，成为社会中共同分享的知识体系，将自然现象与文化紧密联系在一起。因此，神话故事在早期社会中不仅是信息的传递者，也是文化认同和生活智慧的传承者。

（3）道德和价值观的传达。神话故事在早期社会中不仅是文化传承的载体，更是传达道德和价值观念的重要媒介。这种故事通过口头传播的形式生动地传达了正确的行为准则和道德标准，成为部落价值观的重要组成部分。

神话故事中蕴含着关于善恶、正误的道德教训。通过故事中的神灵、英雄或其他神秘角色的经历，社群成员得以学习何为正当的行为，何为不当的行为。这种教训不仅限于个体层面，更涉及整个社群的道德准则。神话故事传达了部落的伦理价值观，包括互助、忠诚、勇气等。通过故事中的人物模范行为，社群成员能够从中领悟正确的伦理选择，并将这些价值观应用到日常生活中。这样的传播方式有助于塑造社会共同的伦理观念，提升社会凝聚力和合作力。通过神话故事，抽象的道德观念得以形象化。将道德原则融入故事情节中，使之更具生动性和实际性。这种形象化使得道德观念更容易被理解和接受，因为它们以具体的形式呈现，让人们能够在情节中找到自己的影子，进而在实际生活中应用这些道德准则。神话故事中的道德教训不仅是规范行为的准则，更是社群认同感的构建者。共同分享这些故事的经历，社群成员不仅接受相似的价值观，而且还在对故事中英雄或神秘角色的认同基础上形成了共通的情感纽带。综合而言，神话故事通过口头传播方式成功地传达了道德和伦理的教训，为早期社会的文化传承和社会凝聚提供了有力支持。这种传播方式的生动性和情感性使得道德观念在社会中更为深入人心，成为社群共同认同的一部分。

通过这两个层面的分析，可以更深入地理解口头传播在部落传统和神话故事传承中的重要性。这种传统的传承不仅对个体成员的行为和认同产生影响，也在整个社群中起到了凝聚和传承文化的作用。

二、手写文化的兴起

（一）古代文明中的手写新闻

在古代文明中，手写新闻是一种主要的信息传播方式，通过手工书写的形式，社会得以分享重要事件、政治决定和文化动态。以下是对古代文明中手写新闻的探讨：

1. 手写新闻的兴起

（1）书写技术的发展。在古代文明中，书写技术的进步是手写新闻兴起的基础。最初的手写新闻可能是刻在石碑或陶器上，但随着纸张的发明和改进，手写新闻逐渐从刻写向书写转变。最早的手写新闻以刻写形式出现，这包括将重要信息刻在石碑或陶器上的做法。这种形式具有永久性，适用于记载重大事件。然而，刻写需要耗费大量时间和精力，且信息传播范围有限，主要局限在特定地区或社群。随着时间推移，纸张的发明使得书写技术有了重大创新。纸张相对轻便、易于制作和携带，为手写新闻提供了更广泛的传播可能性。纸张的引入使得人们可以更轻松地在上面书写，促使手写新闻从刻写逐渐转向书写的形式。这种转变使信息的记录和传播变得更为迅速和灵活。手写新闻的演变还包括了手写复制和分发的过程。通过手写复制，一份手写新闻可以被迅速翻印多份，从而实现信息的批量生产和更广泛的传播。这种方式使得信息不仅能够记录，还能够在不同地区、社群之间得以传递，满足了社会组织和中央集权对信息的不断增长的需求。因此，书写技术的进步对于古代手写新闻的兴起至关重要。从最初的刻写到后来纸张的广泛应用，书写技术的不断发展为古代社会提供了更高效、更广泛的信息传播手段，推动了社会中信息的流通和共享。

（2）文官和秘书的角色。在古代社会，文官和秘书起着至关重要的作用，负责记录、传递国家和统治者的命令、政策和决定。这些记录形成了一种早期的手写新闻，传达给地方官员和民众。文官在古代政府中扮演着关键的角色。他们是政府体系中的知识分子，拥有书写和组织信息的技能。这些文官负责记录国家和统治者的各项政治和行政决策，包括颁布的法令、政策变动以及对外交往等。这些记录被精心整理和编写，以确保政府内的信息有序、清晰地呈现。这一过程为后来的手写新闻提供了丰富的素材，成为政府内部事务的档案。秘书则负责记录统治者的命令、旨意和指示。他们的职责不仅仅限于记录，还包括将这些信息传递给下级官员，以确保政府的决策能够在各个层级迅速实施。秘书在履行职责时需要保持高度的警惕性，以确保政府内部的敏感信息不被泄露。他们成为了政府内部信息传递的桥梁，确保统治者的意愿得到迅速贯彻。这些由文官和秘书记录的政治决策、命令和信息构成了早期手写新闻的主要内容。这些手写新闻通过手工书写的方式传达给地方官员和民众，成为社会了解政府动态的重要途径。文官和秘书因此成为社会中的信息中心，在维护了政府运作有序性的同时，也为社会提供了关键的信息来源。他们的工作为早期手写新闻的兴起奠定了坚实的基础。

2. 新闻内容和形式

（1）政治和军事新闻。手写新闻在古代主要包括政治和军事方面的消息，这涵盖了国家的扩张、对外战争、领土变动等信息，以及国内政治的动荡和权力交替。在政治方面，手写新闻记录了国家的扩张和领土变动。这可能包括国家对周边地区的征服、领土的扩大或缩小等信息。这些政治新闻反映了国家的外交政策和国际关系，对于地方官员和民众了解国家状况至关重要。此外，手写新闻也会记录国内政治的动荡，如统治者的权力斗争、政府内部的政策调整等。在军事方面，手写新闻详细描述了对外战争的发生和进行。这可能包括战争的原因、参与的各方、战争的进展以及最终的结果。军事新闻不仅关注战争的胜负，还记录了各方的军事策略、战术和将领的表现。这些信息对于国家和地方的安全至关重要，同时也影响着社会生活的稳定。权力交替是政治新闻中常见的内容，手写新闻记录了统治者之间的权力争夺和交替。这可能包括王朝更迭、领导人的废黜或继任等。这种权力交替的情况直接关系到政府的政策和方向，对社会的政治结构和组织产生一定的影响。综合而言，手写新闻中的政治和军事新闻是古代社会了解国家和社会状况的主要途径。这些新闻为人们提供了有关国际事务、军事冲突和政治权力变化的重要信息，帮助社会成员更好地理解和应对不断变化的政治环境。

（2）文化和社会事件。手写新闻不仅涵盖了政治和军事方面的信息，还记录了文化和社会事件，如宗教仪式、庆典、社会习俗等。这些文化和社会新闻对于社会的凝聚力和身份认同具有重要意义。手写新闻详细描述了各种文化事件，包括宗教仪式。这可能包括祭祀、祈祷仪式、宗教节庆等。宗教活动在古代社会中扮演着重要角色，是社会成员共同参与的仪式，也是文化传统的一部分。通过手写新闻记录这些宗教仪式，社会可以保留并传承宗教文化的重要信息。庆典活动也是手写新闻的重要内容，例如国家的建立纪念日、君主的生日庆典等。这些庆典不仅是社会的喜庆时刻，也是展示国家繁荣和团结的场合。手写新闻通过描述这些庆典活动，增进了社区成员之间的凝聚力。手写新闻还包括了各种社会事件和习俗的记录。这可能包括婚礼、葬礼、季节性的庆祝活动等。这些社会事件反映了社会的生活方式、价值观念和社区之间的互动。通过手写新闻传递这些信息，社区成员能够了解并参与到社会的日常活动中，从而增强社会的凝聚力。文化和社会新闻的记录有助于维持社区的凝聚力和身份认同。通过分享文化事件和社会习俗，社区成员能够建立共同的价值观念和认同感。这有助于形成社会的稳定性，促使社群内部更紧密地团结在一起。综合而言，手写新闻中的文化和社会事件记录是古代社会中不可或缺的一部分。通过这些记录，社会成员能够了解并参与到文化和社会活动中，有利于对社会身份认同的塑造和凝聚力的形式。

3. 传播方式和受众

（1）宫廷与地方传播。手写新闻最初主要在宫廷内传播，由统治者和官员们阅读。随着文化的扩展，手写新闻逐渐传播到城市和农村地区，成为受众更广泛的信息来源。最初，手写新闻的受众主要局限在宫廷内，由统治者、王室成员和高级官员阅读。这种局限性传播确保了政治和军事决策的机密性，并使得统治者能够更好地控制信息流动。宫廷内的手写新闻可能包括政治命令、战争消息以及与宫廷生活相关的文化和社会新闻。随着文化的扩展，手写新闻逐渐传播到城市和农村地区。随着文化交流和商业活动的增加，手写新闻得以传播到城市。商人、手工业者和城市居民对信息的需求增加，手写新闻开始从宫廷走向城市，满足了不同社会阶层的信息需求。随着手写复制技术的改进，手写新闻的生产变得更为高效。这使得同一份新闻可以被复制多份，方便传播到不同的地方。手写新闻的复制和传播逐渐摆脱了宫廷的限制，覆盖范围扩大到城市和农村地区。随着社会的文化需求增加，手写新闻逐渐成为人们获取信息的重要途径。城市和农村的居民开始渴望了解更多有关政治、军事、文化和社会事件的信息，手写新闻的传播逐渐满足了这种需求。随着手写新闻传播到城市和农村地区，它成为更广泛受众的信息来源。普通民众、地方官员和社群成员能够通过手写新闻了解到来自宫廷的重要信息，这有助于扩大社会对政治、军事和文化事件的认知范围。手写新闻的更广泛传播促进了社会的信息共享，同时也有助于形成更加开放和互动的文化氛围。

（2）口头宣读和书信传递。除了书写之外，一些手写新闻可能通过口头宣读的方式在公共场合传播，或者通过书信传递给远方的地区。这种多样的传播方式确保了信息的广泛传达。

一部分手写新闻可能通过口头宣读的方式在公共场合传播。这种传播方式常见于宫廷、城市广场或其他人口密集的场所。官员或传令官可能会在特定场合宣读重要政令、战报或其他新闻。通过口头宣读，信息能够直接传达给在场的听众，使得那些无法阅读手写新闻的人也能够获得关键信息。口头宣读具有即时性和传达效果的优势，特别适用于紧急通告或需要迅速传达的情况。它是一种强调集体体验的传播方式，有助于在社会中形成共同的认知和理解。除了口头宣读，手写新闻还可能通过书信传递的方式传播到远方的地区。这种方式常用于将重要信息传达给地方官员、军队指挥官或其他远离宫廷的人。书信传递通过信使或其他交通工具将手写新闻送达目的地，确保了信息能够覆盖更广泛的地理范围。书信传递具有私密性和直接性的特点，适用于需要点对点传达的情况。它也是一种有效的方式，特别是在远距离通信不便的情况下，如古代交通不发达的时期。这种口头宣读和书信传递的多样传播方式，使得手写新闻能够以不同形式出现在不同的社会场景中。这有助于迎合不同受众的需求和适应社会的特殊情境。同时，这种多样性也确保了信息的广泛传达，让更多的人能够获知和理解重要的政治、军事和文化新闻。

4. 信息可信度与变形

（1）宣传与审查。手写新闻通常由统治者或政府官员控制，因此其信息可能受到审查和宣传的影响。这导致新闻的真实性和客观性可能受到政治和统治者的立场所左右。宣传是手写新闻常见的特征之一，是传播统治者或政府正面形象和政治立场的工具。这包括强化统治者的权威、传达政府政策和抹黑敌对势力的信息。通过宣传，手写新闻可以作为塑造社会认知、巩固统治者地位以及维持政治稳定的手段。然而，这种宣传往往伴随着审查。政府官员可能会审查和过滤手写新闻中的敏感信息，以避免泄露政府机密或引发社会不稳定。此外，为了限制反对意见，手写新闻可能会受到审查，包括删减或禁止传播某些言论。审查的目的在于维护政治稳定，防止社会中出现对政权有害的信息。这两者的相互作用导致手写新闻的信息往往呈现出一定的偏向性。政治和统治者的立场对新闻内容产生直接影响，使其更符合特定的政治宣传需要，而不一定体现全面客观的事实。这种情况下，手写新闻的真实性和客观性常常受到政治因素的左右，成为塑造社会认知和观念的工具。

（2）口口相传。随着时间推移，手写新闻可能被口口相传，导致信息的变形。这种口头传播的过程中，新闻的内容可能发生变化，增加了趣味性，但也引入了潜在的失真。口头传播是一种信息在社会中通过口述方式传递的方式。当手写新闻被口口相传时，信息可能受到传播者主观理解、记忆失真或个人意见的影响，导致内容的改变和失真。这种失真可能是有意的，也可能是无意的，但在传播过程中，信息的准确性可能逐渐丧失。口头传播的特点在于其生动性和交互性。信息在传递的过程中可能会根据讲述者的风格、态度和观点发生变化，从而增添了新闻的趣味性。然而，这也使得信息容易受到主观情感和个人观点的影响，从而引入了潜在的失真因素。这种口口相传的过程可能特别在社区或家庭中频繁发生。家长、长辈或社区领袖可能会通过口述方式将信息传达给下一代或社区成员。这种传统的传播方式有助于信息的传承，但也使得信息容易受到个人理解和解读的影响。总体而言，尽管口口相传增添了新闻传播的趣味性和人际互动性，但也引入了信息失真的风险。这强调了在口头传播和传统传承中需要注意信息的可靠性和准确性，以避免信息的不当变形。在古代文明中，手写新闻是信息传播的关键手段，为社会提供了政治、军事和文化方面的关键信息。这种传播方式在当时社会的组织、凝聚和文化认同中发挥了重要作用。

（二）文字的出现对信息传播的影响

文字的出现对信息传播产生了深远的影响，从口头传播到书写新闻的转变标志着人类传播方式的革命性改变。

1.信息固定性与传播效率

文字的出现确实为信息传播带来了深远的影响，尤其是在信息固定性和传播效率方面。文字使得信息能够被固定在纸张或其他媒介上，从而实现了信息的长期保存和更高效的传播。文字的固定性为信息传播带来了以下影响：通过书写新闻，信息可以在纸张或其他媒介上被固定，使其免受时间侵蚀。这使得信息得以长期保存，对后代的研究和了解提供了宝贵的资料。文字的固定性使得信息可以轻松地被复制。相较于口头传统，书写新闻通过印刷等方式可以迅速生产大量副本，实现了信息的迅速传递和更广泛传播。固定的文字记录使得信息能够被广泛传递给不同地区、不同社群。这种复制和传递的过程使得信息能够覆盖更广泛的受众，提高了信息传播的广度。这种固定性提高了信息的长期可访问性，促进了信息的更高效传播。文字记录使得信息不再仅限于口头传播中的短暂传递，而是得以保存、复制，并传播给更大范围的人群。这对于知识的积累、文化的传承以及社会的发展都起到了关键的推动作用。

2. 信息普及与社会变革

信息普及与社会变革是文字出现的重要影响之一。文字的存在使得知识和新闻更容易传达给广大人群，从而促进了社会的变革和发展。通过书写新闻，信息可以被复制、传递到更广泛的社会群体。相较于口头传播，文字的广泛传播使得信息能够覆盖更多的地区和人口，从而实现了信息的普及。文字成为知识传递的有效工具，不仅记录了历史、文化等方面的知识，也使得科学、哲学等领域的知识更容易传达给后代。这有助于知识的积累和传承。文字的出现推动了教育的发展。通过书写新闻，人们可以更容易地学习和传授知识。这促进了教育的普及，有助于提升整个社会的文化水平。文字的普及促进了不同文化之间的交流。各种文学作品、历史记录等通过文字传播，使得人们更容易了解其他文化，从而促进了文化的多元发展。文字的广泛传播促进了社会的协同和合作。共享相同的信息和知识使得社会成员更容易形成共识，推动社会朝着共同的目标发展。文字的普及有助于促进公民政治意识的形成。公民更容易获取政治信息，形成独立的思考和判断，促使社会对政治制度和权力进行更加深入的反思和参与。总体而言，文字的出现促进了信息的普及，这对社会的变革和发展产生了深远的影响。通过书写新闻，信息能够更广泛地传递给人们，推动了知识的传承和社会的进步。

3. 信息标准化与准确性

信息标准化与准确性是文字出现所带来的显著影响之一。文字的存在确保了信息以一种更结构化和准确的方式被表达，相较于口头传播，提高了信息的准确性和一致性。文字使得信息能够以结构化的方式被表达。通过书写新闻，作者可以按照一定的格式和规范组织信息，使得读者更容易理解和消化信息。文字促进了语言的规范化。在书写中，使用统一的拼写、语法和标点有助于确保信息的一致性，减少了歧义和误解的可能性。口头传播容易受到记忆和口头表达的主观因素的影响，导致信息在传递过程中发生变形。文字的存在消除了这些误差，确保信息准确地被传达。通过书写新闻，作者能够更精确地表达概念和思想。文字的使用使得信息更具体、清晰，避免了因口头传播而可能导致的信息模糊或不准确的问题。在政府文件和法规的制定中，文字的标准化确保了法律文本的准确性和一致性。这对于法律体系的正常运行至关重要。文字的标准化在科学和技术领域中尤为重要。科学论文、技术规范等通过文字的准确表达确保了科学家和工程师之间的沟通和理解。商业领域中，合同和协议的准确表达至关重要。文字的标准化确保了合同文本的清晰和明确，有助于避免后续争议。总体而言，文字的出现提高了信息的标准化水平，从而提高了信息的准确性和一致性。这对于各个领域中需要明确、清晰表达信息的情境具有关键意义。

4. 跨越时空的能力

跨越时空的能力是文字出现的一项显著优势，使得信息能够在时间和空间上得以传递，推动了文化、科技和思想的广泛交流。通过书写新闻，信息得以在纸张或其他媒介上被固定，从而保持长期可访问性。这使得后代能够阅读先前时代的信息，促进了文化和历史的传承。文字的出现使得信息可以轻松地传递到遥远的地方。相较于口头传播，书写新闻能够跨越地理障碍，将信息传递到不同的地区，推动了文化的传播和融合。文字的传播促进了不同文化之间的交流。文学、宗教、艺术等方面的信息通过书写新闻传递，有助于不同文明之间的相互理解和吸收。文字的存在使得科技知识能够被记录、传递，并在不同的时代中得以保留。这有助于科技的不断积累和发展。通过文字传播，不同时代和地域的思想能够进行互动。哲学、政治理论等通过书写新闻传递，引发了跨文化的思想交流，促进了人类文明的发展。通过文字记录的历史文献，不同文明之间进行了一场跨越时空的对话。这使得人们能够更深入地了解其他文明的发展轨迹，促进了历史的研究和对话。文字的传播使得不同文明的思想能够相互碰撞、交流。这有助于拓展人们的认知，促进了文明的多元发展。总体而言，文字的出现使得信息传播能够跨越时空的障碍，推动了文化、科技和思想的广泛交流，加深了人类文明之间的互动。

5. 信息权力与控制

信息权力与控制是文字出现的一个复杂影响，文字的引入既提供了信息传播的工具，又引发了一系列权力和控制的问题。掌握文字和书写技能的人拥有信息的垄断权力。这可能导致信息受限于少数人的视角和意识形态，限制了多样性和包容性。精通文字的知识精英在社会中被视为权威，其言论可能被更多人信奉。这种知识的不平等也造成了信息的不均衡。政府和统治者可以利用文字进行宣传，塑造自己的形象，强化统治地位。这可能导致信息的操控，使公众接收到有选择性的信息。掌握文字的权力也可能被用于审查和限制言论自由。政府或权力机构可以通过控制文字来阻止传播特定的信息或观点，对社会产生影响。一定程度上，信息权力有助于维持社会秩序。通过统一的文字传播，可以传达统一的价值观念和规范，促进社会的有序发展。知识的垄断和信息的操控可能导致信息的滥用。当权力机构或知识精英以不正当手段使用文字来控制信息时，可能会引发社会不满和抗议。信息的权力和控制可能对言论自由构成威胁。当文字被用于审查和限制言论时，社会的民主原则可能受到损害。信息权力的过度集中可能阻碍公众的参与和批判性思考。公民的知情权和对社会事务的参与可能受到限制。在信息权力与控制的问题上，平衡是关键。保障言论自由、多元的信息来源以及公众的知情权是维护社会公正和民主原则的重要手段。

综合而言，文字的出现对信息传播方式带来了根本性的变革，塑造了人类文明的发展。文字的固定性、普及性、标准化以及跨越时空的能力，都在推动社会的进步和文化的繁荣中发挥着关键作用。

第二节　印刷媒体时代

一、印刷术的发明与新闻革命

（一）古老的印刷技术

古老的印刷技术在信息传播史上扮演着重要的角色。以下是关于古代印刷技术的论述：

1. 木活字印刷

在古代，木活字印刷是一种早期的印刷技术。它的过程涉及将文字和图案雕刻在木块上，然后涂以墨汁，再将纸张或其他材料压在木块上，从而实现文字的印刷。这种技术最早出现在中国，被广泛用于书籍、宗教经典和艺术作品的复制。木活字印刷的优势在于能够快速大量生产相同的文本，促进了古代文化的传播和保存。

木活字印刷是古代中国最早期的印刷技术之一，它为书籍、宗教经典和艺术作品的大规模生产和传播提供了有效手段。

（1）技术过程

木活字印刷的技术过程包括以下步骤：

1）木块雕刻：木块雕刻是木活字印刷技术中的关键步骤。在这一过程中，文字和图案被雕刻在木块上，每个字或图案都有一个相应的木块。雕刻师傅需要经过以下步骤来完成木块雕刻：选择坚硬、平整的木材，如楠木或榉木，以确保雕刻效果良好。在雕刻之前，进行文字和图案的设计，并安排它们的位置,以适应印刷布局。使用专门的雕刻工具,如刀、凿等,进行手工雕刻。每个字或图案需要保持一致的字形和大小。完成雕刻后,进行校准和修整,确保木块表面平整,字形清晰。在木块的一侧或周围设置墨汁槽,将墨汁均匀地涂抹在木块表面。将纸张或其他材料轻压在墨汁涂抹的木块上,使墨汁传递到纸张上,形成印刷。每个字或图案的木块可以反复使用,以实现大规模的印刷生产。为了确保木块的持久性和反复使用,需要适当的保存和维护。在木块雕刻过程中,雕刻师傅的技艺和经验至关重要,确保每个木块的质量和精度。这一步骤为后续的印刷工序提供了基础,推动了木活字印刷技术的发展和应用。

2)涂墨:涂墨是木活字印刷技术中的关键步骤,刻好的木块表面均匀覆盖墨汁,为后续的印刷过程提供了必要的墨汁传递。雕刻好的木块需要经过涂墨的步骤,以准备好进行印刷。在涂墨之前,需要准备墨汁。墨汁通常是由水、煤灰、植物油等原料制成。墨汁的质量和稠度会直接影响印刷效果。使用专门的刷子或棉布等工具,将墨汁均匀地涂抹在雕刻好的木块表面。涂墨工具的选择和使用需要技巧,以确保墨汁被均匀地分布。涂墨的过程要确保文字和图案的表面得到均匀的覆盖。这有助于在印刷时确保每个字或图案都能够清晰传递。涂墨师傅需要控制墨汁的量,以避免墨汁过多或过少。过多的墨汁可能导致印刷模糊,而过少则可能导致不均匀的印刷效果。在涂墨过程中,保持一致的墨汁涂布是关键,确保每个木块的印刷效果相似。墨汁的品质对于印刷的清晰度和稳定性至关重要。高质量的墨汁能够在印刷过程中保持稳定的传递效果。通过涂墨的过程,木块表面被均匀地涂覆上墨汁,为印刷做好了充分的准备。这一步骤的精细操作直接影响着最终印刷品的质量和清晰度。

3)印刷:印刷是木活字印刷技术的核心步骤,它涉及将纸张或其他材料轻压在沾有墨汁的木块上,使墨汁转移到纸上,从而形成印刷。在进行印刷之前,需要准备好纸张或其他印刷材料。纸张的质量和厚度会影响最终印刷效果。将涂有墨汁的木块布置在印刷台上,确保它们按照设计的布局排列，以形成整体的印刷图案。将纸张轻压在木块表面，使墨汁转移到纸上。这一过程需要适度的力量，以确保墨汁均匀传递，但又不至于损坏木块或纸张。在印刷过程中，操作人员需要控制压力、角度和时间，以确保每个印刷品的清晰度和一致性。每个字或图案的木块可以反复使用，使得相同的印刷可以在大规模生产中重复进行。完成一轮印刷后，需要检查印刷品的质量。如有需要，可以调整木块、墨汁或印刷机的参数以改善印刷效果。印刷台通常是手动操作的，操作人员需要熟练掌握印刷台的操作，确保每次印刷的准确性和一致性。通过印刷，木块上的墨汁被成功传递到纸张或其他材料上，形成清晰的印刷效果。这一步骤的精准操作和协调控制是保证印刷质量的关键。

4）复制：复制是木活字印刷技术的重要特征之一，它允许每个字或图案的木块在印刷过程中被反复使用，从而实现大规模、高效的文本生产。木块经过雕刻和涂墨后，并不因一次印刷而损坏，而是具有一定的耐用性。这使得相同的木块可以在多个印刷周期中被反复使用。由于每个木块都可以复制多次，相同的文本可以在短时间内大规模生产，极大地提高了印刷效率。这对于需要大量印刷品的情况尤为重要。通过复制相同的木块，确保了印刷品之间的一致性和准确性。每个复制的文本都具有相同的字形和图案，提高了整体印刷品的质量。复制的特性使木活字印刷技术非常适用于大规模印刷需求，例如书籍、宗教经典等大量文本的生产。通过反复使用木块，印刷成本相对较低，尤其是在需要大量印刷的情况下，木活字印刷技术在经济上更具竞争力。随着使用次数的增加，木块需要定期的维护和管理，以确保其雕刻质量和表面平整度。这包括修整木块表面、替换磨损的部分等。通过复制的过程，木活字印刷技术实现了在短时间内生产大量相同文本的目标，为古代文化的传播和保存提供了有效的手段。

（2）传播与保存

1）大规模生产：大规模生产是木活字印刷技术的一项显著特征，它在多个方面提升了文本的生产效率。木活字印刷技术相较于传统的手工抄写，具有明显的生产效率提升。通过复制每个字或图案的木块，可以在短时间内反复进行印刷，实现大规模的文本生产。木活字印刷技术保证了印刷品之间的一致性和准确性。每个木块的复制都产生相同的字形和图案，从而使得文本标准化，有助于提高印刷品的质量和可读性。相比手工抄写，木活字印刷技术降低了劳动力成本。一次雕刻制作的木块可以被反复使用，减少了手工抄写所需的人工劳动，提高了效率。木活字印刷技术使得相同的文本可以在短时间内迅速复制，适用于需要大量印刷品的场合，如书籍、宗教经典等。大规模生产的特性使得印刷品更容易在社会中传播。印刷的文本可以被广泛分发，有助于推动文化、知识和信息的传播，促进社会的发展和进步。由于印刷效率的提高，印刷品的制作成本相对较低，这有助于提升文本的普及程度。更多人能够获得印刷品，从而推动了文化的广泛传播。综合而言，木活字印刷技术的大规模生产特性为古代文化的传播和保存提供了有力的支持，对社会的文明进程产生了深远的影响。

2）文化传播：木活字印刷技术在古代文化传播中发挥着重要作用，推动了宗教经典、文学作品和学术著作等文化内容更广泛地传播给不同地区的人们。木活字印刷技术的出现使得宗教经典、文学作品和学术著作等文化内容可以更容易地被复制和传播。相同的文本可以在短时间内大规模印刷，使得这些文化内容能够跨越地域传播。木活字印刷技术为宗教经典的普及提供了有效手段。圣经、古兰经等宗教经典得以被大量印刷，进而传播到不同的社群，加强了影响力。文学作品，包括诗歌、小说等，通过木活字印刷得以广泛传阅。这使得文学创作更容易被大众接触，促进了文学的繁荣和发展。学术著作通过木活字印刷得以更广泛地传扬。学者的研究成果可以通过印刷技术传播到其他地区，促进了学术的交流与进步。木活字印刷技术推动了不同地域文化之间的交流。文化内容的印刷和传播使得各地的人们能够了解并分享其他地区的文学、宗教和学术成就。通过印刷技术，知识更广泛地传播到社会各个层面。这有助于提升整个社会的文化水平，促进了知识的普及。综合而言，木活字印刷技术为古代文化的传播和交流提供了强大的工具，促进了各种文化内容的广泛传播，对社会的文明进程起到了积极的推动作用。

3）保存文献：通过木活字印刷技术，许多文献得以保存，为后代的学术研究和文化理解提供了宝贵的资料。木活字印刷品的制作采用木块雕刻和墨汁印刷的方式，使得印刷品具有较强的持久性。相较于手抄本，印刷品更不容易因时间的推移而腐朽或磨损。木活字印刷技术的大规模生产特性使得大量相同的文献可以被迅速印刷和复制。这有助于保存大量的文献，使得它们在更广泛的范围内得以传播。宗教经典、哲学著作等重要文献通过木活字印刷得以保存。这些文献对于理解古代宗教、哲学思想以及社会文化具有重要价值。文学作品通过印刷保存下来，为后代的文学传承提供了基础。著名的文学作品如诗歌、小说等可以在印刷品中广泛流传，影响了后来的文学创作。学者的学术著作通过印刷技术保存下来，为后代学者提供了研究和学术交流的重要资料，这促进了学术领域的持续发展。木活字印刷保存了大量的文化遗产，包括语言文字、传统习俗、历史记载等。这为后代提供了深入了解古代文化的途径。通过木活字印刷保存的文献不仅为后代提供了重要的历史资料，也成为了文化传承的重要工具，丰富了人类的文化遗产。

（3）中国的贡献

1）北印经:《北印经》是中国最早的木活字印刷书籍之一，约制作于868年，是世界上已知最早的木活字印刷品之一。这部经典的出现标志着木活字印刷技术的应用和发展，具有重要的历史和文化价值。《北印经》采用了木活字印刷技术，这种技术是中国古代印刷技术的一种重要形式。它将文字雕刻在木块上，再涂以墨汁，通过轻压纸张或其他材料，实现文字的印刷。《北印经》是世界上已知最早的木活字印刷品之一，代表了古代印刷技术的高度发展和先进水平。这表明在唐代，中国已经取得了在印刷领域的显著成就。《北印经》是一部佛教经典，内容涉及佛教教义和经文。它在传播佛教思想和文化方面发挥了重要作用。尽管制作于唐代，但《北印经》

的一份完整版本仍然保存至今。这对于研究古代印刷技术、宗教文化和历史具有极大的价值。作为中国最早的木活字印刷品之一,《北印经》具有深厚的历史文化价值,是中国古代印刷技术和文献传承的珍贵见证。《北印经》的出现不仅在技术层面上展示了中国古代印刷技术的先进性,也为佛教文化在中国的传播和发展做出了贡献,成为古代印刷历史中的重要里程碑。

2)文化繁荣:木活字印刷的广泛应用为中国的文化繁荣创造了条件,使得知识更容易传播,学术交流更加活跃。木活字印刷技术的大规模生产特性使得书籍、经典和学术著作等知识性文献能够更容易、更迅速地被复制和传播。这促进了知识的广泛传播,使得更多人能够接触到各种领域的知识。木活字印刷技术使得学术著作的传播更为便捷,加速了学术交流的过程。学者们可以更容易地分享他们的研究成果,推动了学术领域的繁荣和发展。文学作品通过木活字印刷技术得以大规模印刷和传播,从而推动了文学创作的繁荣。诗歌、小说等文学作品在更广泛的受众中流传,对文学艺术的发展产生了积极影响。木活字印刷技术为宗教文化的传承提供了有效的手段。宗教经典和文化传统通过印刷被更广泛地传播,加深了宗教文化在社会中的影响力。木活字印刷的广泛应用促进了文字语言的发展。文字的大规模印刷推动了文字的标准化和规范化,为文字语言的发展奠定了基础。木活字印刷技术的应用促进了社会思想的多元化。通过印刷,不同学派、观点和思想可以在社会中更广泛地传播,为社会的思想多样性创造了条件。综合而言,木活字印刷技术的广泛应用为中国的文化繁荣提供了有力支持,推动了知识的传播、学术交流、文学创作等多个方面的发展,对中国古代社会产生了深远的影响。

(4)技术的限制

1)字形一致性:字形一致性是手工雕刻的一个挑战,尤其在复杂字形或小字号的情况下。手工雕刻每个字形的过程受到工匠的技艺和细致程度的影响。对于复杂的字形,需要更高水平的技术和精湛的手工技艺,否则容易出现字形不一致的情况。复杂字形的雕刻相对更为困难,因为需要在有限的空间内保持字形的清晰度和准确性。这可能导致在雕刻过程中出现差异，难以确保每个字形的一致性。在小字号的情况下，由于空间受限，工匠可能难以保持字形的一致性。细微的差异可能会在印刷时表现为字形不规整或模糊，影响整体印刷品的质量。字形不一致性会直接影响印刷效果。在印刷过程中，如果每个字形的一致性无法得到保证，可能导致部分文字印刷不清晰，影响整体可读性。如果字形不一致性较为显著，可能会对文本的传播产生负面影响。读者可能会感到困扰，理解文本可能需要更多的认知努力，降低了信息的传递效果。工匠的技艺水平和经验对字形一致性有很大影响。不同工匠的技艺差异可能导致在同一文献中出现字形的不稳定性，影响整体的视觉印象。尽管手工雕刻存在一致性的挑战，但在古代，这是当时可用的主要印刷技术。随着技术的进步，印刷技术逐渐演变，克服了手工雕刻的一些限制。

2）制作速度：木活字印刷相对于手工抄写来说的确提高了制作速度，但与后来的活字印刷技术相比，仍然存在一定的制作速度限制。制作木活字需要工匠手工雕刻每个字形，这是一个相对费时的过程。特别是对于复杂字形或大篇幅的文献，手工雕刻的时间成本相对较高。虽然木活字印刷可以实现相同文本的批量生产，但每个字形的手工雕刻过程仍然限制了大规模生产的速度。相对于后来的活字印刷技术，木活字印刷在大规模生产方面的效率相对较低。在木活字印刷中，如果需要更换版面或印刷新的文献，需要重新雕刻木块。这个过程涉及到时间的花费，特别是当需要频繁更换版面时，制作速度可能会受到一定的制约。在木活字印刷中，每次印刷都需要手工涂墨、放置纸张、印刷等步骤，这些过程相对手工抄写虽然更为迅速，但相对于后来的活字印刷技术，仍然较为繁琐，影响了印刷速度的提升。随着时间的推移，活字印刷技术的出现进一步提高了印刷速度。与手工雕刻木块相比，活字印刷可以更迅速地更换字形，大幅缩短了印刷的时间，使得印刷速度得以更大幅度提升。尽管木活字印刷相对手工抄写而言具有明显的制作速度优势，但它在制作速度上的限制促使后来的印刷技术不断创新，迎来了印刷技术的新时代。

总体而言，木活字印刷是印刷术发展历程中的重要一环，为古代文化的传播和保存做出了突出贡献，同时也奠定了后来印刷技术的基础。

2.金属活字印刷

随着时间的推移，木活字逐渐演变为金属活字印刷。这一技术革新最为突出的代表是铜活字印刷术。与木活字相比，铜活字更加耐用，可以承受更多的印刷次数，使得印刷效率和质量得到提高。这种技术在欧洲的文艺复兴时期取得了显著的成就，推动了印刷术的普及，为知识的传播和学术的发展创造了条件。

（1）技术演变

金属活字印刷技术的发展是对木活字印刷技术的一次显著改进和演变。金属活字印刷的出现是在对木活字印刷技术进行改进的背景下，以解决木活字在耐久性和印刷效率上的一些限制。与木块相比，金属活字更加坚固和耐用。采用金属制作的活字能够承受更多的印刷次数而不失效，这延长了印刷设备的使用寿命。金属活字的坚固性不仅使得活字更持久，而且可以更迅速地进行印刷。相对于手工雕刻木块的费时过程，金属活字的制作过程更为高效，从而提升了整体印刷效率。金属活字的耐久性使得它们能够多次使用而不失去质量，这为大规模印刷提供了便利。活字的耐用性意味着可以进行更多轮次的印刷，从而更好地满足印刷品的需求。木活字在大规模印刷方面存在一些限制，如耐久性差、制作速度相对较慢等。金属活字印刷技术的引入有效地解决了这些限制，推动了印刷技术向前迈进。金属活字印刷技术在欧洲文艺复兴时期取得了显著成就，成为这一时期文化繁荣的推动力。印刷术家们通过金属活字技术创造了更为精致和耐用的印刷品，推动了文化和知识的传播。金属活字印刷技术的技术演变对印刷领域产生了深远的影响，为后来印刷技术的发展奠定了坚实的基础。

（2）铜活字的耐久性

铜活字印刷术采用铜材质制作活字，相对于木活字而言，铜活字具有更高的耐久性。铜活字以铜为主要制作材料，铜具有较高的硬度和耐腐蚀性，使得活字更加坚固和持久。铜活字的耐久性使得它们能够承受更多次的印刷而不失去质量。相对于木活字可能在多次印刷后出现磨损或损坏，铜活字能够保持相对较长时间的印刷稳定性。由于铜活字的耐久性，印刷设备能够在较长时间内使用相同的活字进行印刷，这大幅提高了印刷效率。不必频繁更换活字，节省了制版和更换的时间成本。铜活字的耐久性不仅提高了印刷效率，还保证了印刷品的质量。每次印刷都能够保持相对一致的清晰度和图文质量，使得印刷品更为持久和具有良好的视觉效果。铜活字的耐久性带来了显著的经济效益。可以长期使用且不需要频繁更换活字，降低了印刷设备的维护和更换成本，提高了印刷的经济效益。铜活字印刷技术在欧洲文艺复兴时期得到广泛应用，其成功应用体现了铜活字在提高效率和质量方面的优越性，为文艺复兴时期的印刷术创造了条件。铜活字印刷术的耐久性是它成为印刷史上一项重要技术的关键因素之一，对印刷领域产生了深远的影响。

（3）欧洲文艺复兴时期的突破

铜活字印刷技术在欧洲文艺复兴时期取得了显著的突破，为知识和艺术的传播做出了巨大贡献。在欧洲文艺复兴时期，印刷术家们通过铜活字技术创造了精美的印刷品。书籍、艺术作品和科学著作的印刷品质量得到显著提升，呈现出更为清晰、精致的图文效果。铜活字印刷技术推动了文艺复兴文化的传播，印刷技术的创新，使文学、哲学、艺术等领域的作品可以更广泛地传播，使文艺复兴的思想和文化影响力扩展到更大范围。铜活字印刷技术为学术著作和科学著作的传播提供了有效手段。学者和科学家的研究成果通过印刷技术得以广泛传播，推动了学术界和科学领域的进展。欧洲文艺复兴时期的印刷术家通过铜活字技术不仅提高了印刷品的技术质量，而且更注重艺术性的表现。印刷品在图文呈现上更为细腻、富有艺术感，赋予其本身更高的审美价值。铜活字印刷技术的广泛应用成为欧洲文艺复兴时期文化繁荣的推动力。印刷术的发展促进了文学、艺术和科学的繁荣，为整个文艺复兴时期的文化成就奠定了基础。铜活字印刷技术的突破使得印刷品更加容易获取，提高了读者的素养。更多人能够接触到知识和艺术作品，从而促进了社会整体教育水平的提升。铜活字印刷技术的推动使得思想能够更自由地传播。新思想、新观念通过印刷品传递到更广泛的社会范围，推动了社会思潮的多元发展。欧洲文艺复兴时期的铜活字印刷技术的突破为人类文化史上带来了巨大的影响，推动了知识和艺术的繁荣。

（4）提高印刷效率

金属活字印刷技术的引入在提高印刷效率方面取得了显著的成就。相较于手工雕刻木块的相对费时过程，金属活字的制作速度得到了显著提升。金属活字可以通过工艺和机械加工更迅速地制成，缩短了制版的时间。金属活字的制作速度不仅提升了制版的效率，同时也使得印刷过程更为快速。印刷工作者能够更迅速地将金属活字安排在印刷机上，实现对大量文献的迅速印刷。金属活字印刷技术的引入使得大规模生产印刷品成为可能。相较于手工抄写的传统方式，金属活字印刷大大提高了文献的生产效率，使得印刷品能够更快速、更广泛地传播。金属活字印刷技术支持批量生产，且每一块活字都具有相同的字形和质量。这确保了印刷品的一致品质，不论是第一份还是后续的印刷，都能够保持相对稳定的印刷水平。金属活字印刷技术的机械化运作使得印刷过程更加自动化和高效。印刷机的运行速度相对较快，能够迅速完成大量印刷任务，加速了整体的印刷生产流程。金属活字印刷技术的高效率使得印刷业具备更强的竞争力。快速的制版和印刷速度意味着更快的交货周期，能够更好地满足市场和客户的需求，从而提高了印刷业在商业市场中的竞争力。金属活字印刷技术的高效率为商业和文化的发展提供了强大的推动力。商业文献、报纸、书籍等的迅速生产与传播加速了信息的流通，对社会的商业和文化进程产生了深远的影响。金属活字印刷技术的高效率成为推动印刷业发展和文化传播的关键因素之一，为现代印刷工业的发展奠定了基础。

（5）印刷品质的提高

金属活字印刷技术在提高印刷速度的同时，也对印刷品的质量产生了积极影响。金属活字制作过程中，每个活字都是通过相同的模具或工艺制成的，保证了字形的一致性。一致性使得印刷品中的文字在版面上更为统一，减少了字形不一致的问题，提高了印刷品的整体质量。金属活字印刷技术的一致性不仅体现在字形上，同时也影响到文字的清晰度和精细度。每一块活字都能够清晰地传递文字信息，呈现出更为锐利、清晰的图文效果。金属活字相较于其他材质更为坚固，具有较高的耐久性。这意味着印刷品的持久性得到提高，不易受到时间和使用的侵蚀，可以保持更长时间的良好状态。金属活字印刷技术的发展也促进了对纸张和油墨的改进。更适应金属活字的纸张和油墨能够更好地与活字配合，确保印刷品的质量。金属活字印刷品常常具有更好的质感和印刷效果。文字和图案在纸张上更为立体感，色彩更为鲜明，为印刷品赋予了更高的艺术性和视觉吸引力。金属活字印刷技术的一致性和精细度使得它适用于印刷细小字体和复杂图案。相较于其他印刷技术，金属活字在传递微小细节上更为出色。金属活字印刷技术的印刷品质量提升了印刷品的整体审美价值。印刷品更为精致、清晰，更容易吸引读者的注意，使得文学、艺术和商业印刷品在视觉上更具吸引力。金属活字印刷技术的质量提升使得印刷品在图文表现、持久性和审美效果等方面取得了显著的进步，为印刷品的质量提供了可靠的保证。

（6）知识的传播与学术发展

金属活字印刷技术的广泛应用在知识传播和学术发展方面发挥了重要作用。金属活字印刷技术的高效率使得大量书籍得以生产，从而推动了书籍的普及化。书籍成为更为普及的文献形式，人们能够更容易地获取和阅读各种学科领域的知识。金属活字印刷技术的应用使得知识能够更广泛地传播。学术、文学、艺术等领域的著作能够以印刷品的形式迅速传遍各地，使得知识能够跨越地域限制，影响更广泛的受众。学术著作通过金属活字印刷技术更快地被复制和传播。这促进了学术界对研究成果的分享和讨论，为学科领域的进步提供了更为便利的渠道。金属活字印刷技术的推动使得学术交流更为活跃。学者能够更容易地了解其他领域的研究成果，促进了跨学科和跨领域的学术合作和交流。金属活字印刷技术为文化的繁荣提供了基石。印刷品的广泛传播促进了文学、艺术、哲学等领域的发展，为文化的多样性和繁荣创造了条件。金属活字印刷技术的推广也有助于降低文盲率。书籍更加普及，人们更容易接触到文字，提高了人口的读写能力，为社会整体的教育水平提升提供了机会。金属活字印刷技术的应用使得社会更容易积累知识。印刷品的大量生产促使了各个领域知识的积累，为社会的整体智力水平提升提供了有力的支持。金属活字印刷技术通过促进知识的传播和学术的发展，为社会文化的繁荣奠定了坚实的基础，成为历史上知识传播的重要媒介。

（7）文化与社会变革

在欧洲文艺复兴时期，金属活字印刷技术的出现引发了文化与社会的深刻变革。金属活字印刷技术的普及使得信息能够更广泛地传播。书籍、报纸和其他印刷品的大量生产使得知识和思想能够触及更多的人群，打破了知识传播的地理和社会限制。金属活字印刷技术的推广启发了人们的思想，促进了思想的交流。学者、艺术家和思想家的作品通过印刷品变得更容易传播，推动了文学、哲学和艺术的繁荣。欧洲文艺复兴时期的文化变革得以推动，部分归功于金属活字印刷技术。印刷术为艺术、文学和科学的新思潮提供了有效的传播渠道，推动了文艺复兴时期的兴起。金属活字印刷技术的应用有助于知识社会的形成。知识不再局限于少数人，而是通过印刷品更广泛地传递给大众，促使社会整体知识水平的提高。宗教改革在欧洲文艺复兴时期也得到了金属活字印刷技术的推动。宗教改革者的著作得以广泛传播，从而引发了宗教领域的变革和改革运动。金属活字印刷技术的推广也对社会结构产生了影响。知识的广泛传播加强了对知识分子和教育的需求，引起了社会对教育和知识的更高重视。金属活字印刷技术的出现被认为是现代社会形成的关键因素之一。知识的普及和社会变革奠定了现代社会的基础，影响了政治、文化、经济等各个方面。印刷技术的普及使得大众更容易获得信息，促进了公众对社会事务的参与。公共讨论的增加推动了社会民主化的进程。金属活字印刷技术的广泛应用在欧洲文艺复兴时期引发了深远的文化与社会变革，为现代社会的形成和发展奠定了坚实的基础。金属活字印刷技术的发展为印刷领域注入了新的活力，推动了文艺复兴时期的文化繁荣，也为后来的印刷技术发展奠定了基础。

3.木刻版印刷

木刻版印刷是古老的印刷技术之一，主要在东亚地区得到广泛应用，尤其是在中国和日本。木刻版印刷的制作包括在木块上雕刻整个版面，木块上的图案或文字通过雕刻形成凹凸不平的表面，然后将墨汁涂抹在木块表面，再将纸张覆盖在上面，施加压力，使墨汁转移到纸上，形成印刷。它被用于制作书籍、绘画、地图等各种文化产品，成为文化传播和保存的重要手段。木刻版印刷在书籍制作方面发挥了重要作用。古代的经典文学作品、宗教经典以及各种知识性书籍通过木刻版印刷得以大量生产，使得这些文献更容易传播。木刻版印刷技术也广泛用于绘画和艺术品的制作。艺术家通过雕刻木块，可以生产多个相似或相同的艺术品，提高了艺术品的复制效率。木刻版印刷被用于制作地图，为地理信息的传播和记录提供了有效手段。地理知识通过木刻版印刷得以传递，有助于人们更好地理解和认知周围的世界。木刻版印刷在东亚文化的传播和保存方面发挥了重要的作用。它使得文学、艺术、地理等多个方面的知识能够被广泛传播，并为后世的文化研究提供了珍贵的资料。木刻版印刷代表了一种传统的手工艺技术，其制作过程需要艺术家和工匠的精湛技艺。这种传统工艺在一定程度上延续了古老的文化传统。木刻版印刷技术的应用也促进了民间艺术的发展，并有助于文化的大众化。大量的印刷品使得文化产品更加普及，让更多人能够接触和享受文化。木刻版印刷技术的应用对后世的印刷技术产生了影响，为后来的印刷技术发展提供了一定的启示。木刻版印刷作为一种古老而独特的印刷技术，在东亚文化的传播和保存中扮演了重要的角色，为各个领域的文化生产和传承做出了贡献。

4. 石版印刷

石版印刷是一种古老的印刷技术，其原理是将文字或图案刻在石头上，再以石版印刷机将墨汁转移到纸张上。雕刻完成后，石版表面被涂以墨汁，然后纸张被压在上面，使墨汁转移到纸张上，形成印刷。石版印刷在19世纪初期得到了广泛应用，特别是在商业印刷领域。它成为报纸、广告和宣传品的生产中一种高效而可靠的方式。石版印刷技术的出现推动了商业印刷的发展。通过石版印刷，大量的商业材料，包括广告、商品目录和宣传册，可以更迅速地生产和分发。石版印刷相对于手工印刷而言更为高效。石版可以反复使用，使得相同的文字或图案可以快速而准确地印刷在多张纸上，提高生产效率。石版印刷技术的广泛应用促进了商业广告和宣传的兴起。企业可以通过印刷品更有效地推广产品和服务，扩大市场影响力。石版印刷技术的广泛使用为印刷业的技术发展奠定了基础。随着时间的推移，其他更先进的印刷技术逐渐取代了石版印刷，但其对印刷技术的影响仍然存在。石版印刷提供了相对高质量和可靠性的印刷。文字或图案的雕刻过程保证了印刷的清晰度和一致性，使其成为商业印刷领域的首选技术之一。尽管后来的印刷技术逐渐超越了石版印刷，但它在技术过渡时期扮演了关键角色。石版印刷为印刷业的技术演进提供了平稳的过渡。石版印刷留下了丰富的商业和文化印刷品，成为历史和文化的珍贵记录。这些印刷品帮助人们了解过去的商业、广告和文化风貌。石版印刷作为一种古老的印刷技术，虽然在现代已经被更先进的技术所取代，但其在商业印刷领域的贡献和对印刷业发展的影响仍然值得重视。

总体而言，古老的印刷技术在人类文明史上发挥了关键作用，促进了知识的传播、文化的保存和社会的发展。这些技术的演变为后来印刷术的进步奠定了基础。

(二) 古老印刷术对新闻大规模传播的影响

1. 大规模生产与传播

古代的印刷术，如木活字印刷、金属活字印刷、木刻版印刷和石版印刷,在新闻领域推动了大规模生产与传播。印刷技术的引入显著提升了新闻的生产效率。相较于手工抄写或口头传播,印刷术使得大量的新闻内容能够在较短的时间内被复制和制作,实现了批量生产。术活字印刷、金属活字印刷等技术使新闻可以在短时间内进行快速的复制。大量的印刷品能够在相对较短的时间内传播到不同的地区,使得新闻能够更广泛地传达给社会各个角落。由于印刷技术的使用,新闻不再局限于小范围的地域传播。印刷品能够覆盖更广泛的地域,使得信息能够传达到更远的地方,满足了不同地区社会的信息需求。印刷技术为大众提供了更方便的获取信息的途径。印刷品可以被更广泛地分发和销售,使得新闻不再局限于少数特权阶层,而能够为更多人所获取。印刷技术不仅提高了新闻的传播速度,还实现了信息的持久保存。印刷品可以长时间地保存下来,成为历史的记录,为后人了解过去提供了重要的资料。随着印刷技术的普及,新闻产业逐渐兴起。印刷业的发展推动了新闻机构、报纸和杂志等新闻媒体的成立,形成了更为完善的新闻体系,满足了社会对信息的多样性需求。大规模的新闻传播通过印刷技术促进了社会交流与互动。不同地区的人们能够更迅速地获取到各类信息,促进了文化、政治和社会观念的交流。印刷技术的普及促成了信息传播的民主化。更多人有机会通过印刷品了解社会动态和重要新闻,提高了信息获取的普及程度。大规模的印刷生产使新闻能够更及时地更新。新闻机构可以更快速地传递最新的信息,使读者更迅速地了解到社会发展的最新动态。总的来说,古老的印刷术推动了新闻的大规模生产与传播,改变了信息传递的方式,为社会提供了更为高效和广泛的获取信息的途径。

2. 文字的标准化与可读性

印刷术使新闻以统一的文字形式呈现,消除了手写或口头传播中可能存在的个体风格和口音差异。这种统一的文字形式提高了信息的标准化水平,使得新闻更具一致性和专业性。印刷术带来的文字清晰度和规范性提升了新闻的可读性。印刷品上的文字更加清晰、整齐,使读者能够更轻松地阅读和理解新闻内容。这对于提高读者对信息的接受程度和吸引力具有重要意义。印刷技术推动了排版的规范化。文字的排列、字号、字距等都能够被更加精确地控制，使得新闻版面更具有美感和易读性。规范排版有助于读者更快速地浏览和理解新闻。统一的文字形式和规范排版后的可读性使得信息传递更为高效。读者能够迅速准确地获取新闻内容，无需花费过多时间去理解模糊或不规范的文字。这提高了信息的传递效率。标准化的文字形式减少了信息传递中的歧义和误解。每个字的形状和排列都具有明确的规范，降低了读者错误理解新闻的可能性，提高了信息的准确性。新闻通过印刷术以标准化的形式呈现，使得整个新闻行业更具专业性。读者更容易信任和依赖标准化的文字形式，这有助于新闻机构建立信誉和权威。改善的可读性使得新闻更容易为更广泛的读者群体接受。无论读者的文化水平如何，他们都可以更轻松地理解和参与到新闻阅读中，拓宽了新闻的受众范围。印刷技术的应用提升了印刷品的整体形象。清晰、规范的文字形式增强了印刷品的外观品质，为新闻提供了更具品位的呈现方式。总体而言，印刷术的出现通过提高文字的标准化和可读性，极大地促进了新闻的传播效率，使信息更迅速、准确地被读者理解和吸收。

3. 新闻的多样化

新闻文章可以更详细地描述事件的背景、细节和影响，提供更全面的信息。丰富的文字报道使读者能够更深入地了解新闻事件。印刷技术为新闻引入了图像，丰富了信息的表现形式。照片、插图和图表等图像元素可以更生动地呈现新闻内容，使读者在视觉上更直观地理解事件。图像的引入增强了新闻的吸引力。利用印刷技术，这些图表可以清晰地展示数据趋势、比较关系和统计结果，为读者提供更科学、客观的视角，促进了深层次的理解。随着印刷技术的发展，新闻媒体逐渐实现了多媒体的融合。除了文字和图像外，音频和视频等多媒体元素也被引入新闻报道中，为读者提供更全面、多元的信息体验。印刷技术推动了版式设计的创新，使得新闻版面更富有艺术性和吸引力。通过巧妙的排版和设计，新闻可以更生动地呈现，吸引读者的眼球，提高信息的传递效果。印刷技术为新闻报道提供了多角度的可能性。不仅可以从不同的视角呈现文字报道，还可以通过图像和图表展示多个方面的信息，使得读者能够更全面地了解事件的各个方面。新闻的多样化呈现形式为读者提供了更多参与的空间。读者可以通过评论、分享和互动等方式参与到新闻报道中，形成更加丰富和多元的信息传播生态。利用印刷技术，新闻可以进行更深度的主题报道。通过专题专栏、深度调查等形式，新闻机构可以更详尽地探讨特定主题，提供更深层次、专业化的信息。总体而言，印刷技术为新闻报道提供了丰富多彩的呈现形式，从而增强了新闻的吸引力和信息传递效果，推动了新闻报道的多元化发展。

4. 提升新闻可信度

印刷技术使新闻更容易被记录和核实。文字形式的新闻可以被保留在书籍、报纸等媒体上，提供了可追溯的来源。这种记录性使得人们可以随时查阅，核实新闻的真实性。印刷术使得新闻信息能够在多个副本中保持一致。相较于口头传播，新闻在印刷品中的稳定性更高，不容易被篡改或变形，增加了信息的可信度。利用印刷技术，新闻机构有更多机会进行编辑和审查，确保新闻内容的准确性。编辑团队可以对文字、图像和数据进行严格的审核，提高了信息的准确性和可信度。随着印刷技术的发展，出版业逐渐形成了一套严格的新闻出版标准。这些标准包括事实核实、平衡报道和道德规范等，有助于提升新闻的可信度，确保公众获取的信息是准确而可信的。利用印刷技术发布的新闻与新闻机构的声誉和信誉紧密相关。新闻机构倾向于维护其声誉，因此更有动力提供可信度高、真实可靠的新闻。这有助于建立公众对新闻机构的信任。新闻印刷品往往追求独立性和客观性。印刷技术提供了一个平台，让新闻机构更容易在其报道中表达独立的观点，同时保持对多元意见的尊重，从而增加了信息的客观性和可信度。新闻印刷品通常要考虑面向多样化的读者群体，这促使新闻机构更注重事实的准确性，以满足不同读者的信息需求，从而提高了信息的可信度。总的来说，印刷技术通过提供记录性、审查机会以及建立严格的出版标准等方式，为新闻的可信度提升提供了支持，帮助建立了公众对新闻的信任感。

5. 社会信息互动

印刷技术的普及使新闻更容易被大众获取。这促使普通民众更积极地参与社会话题，对新闻内容提出反馈和观点。通过读者来信、社论和互动栏目，新闻机构可以更直接地了解公众的意见和需求，实现了信息的双向流动。新闻的大规模传播通过社交讨论促使了群体形成。读者可以在社交媒体等平台上进行讨论和交流新闻内容，形成不同的社会群体。这种群体形成有助于加深对社会议题的理解，同时也促进了社会的互动和发展。大规模印刷的新闻传播对引导民意和激发社会反应起到了重要作用。新闻报道可以影响公众的观点和态度，引导社会对特定问题的关注和反应。这种影响力有助于推动社会变革和问题解决。新闻的大规模传播使得不同群体之间的信息更容易交流。人们可以通过阅读外地的新闻了解外界的情况，促进了文化和思想的交流。这种跨群体的信息互动有助于打破隔阂，加深了全球社会的联系。大规模印刷的新闻传播有助于公众教育和意识形态的传播。新闻机构通过报道不同领域的信息，可以启发公众对社会、科学、文化等方面的认知，推动社会公众知识水平的提高。新闻的大规模传播为社会议题提供了多元视角。通过不同新闻机构、记者的报道，社会可以更全面地了解一个问题，形成综合的认知。这有助于公众形成独立、全面的观点，促进社会对复杂问题的更深刻理解。大规模印刷的新闻传播使得更多人参与政治决策。公众通过新闻了解政府政策、社会问题，形成自己的观点并参与公共讨论。这促进了更广泛的民主参与和政治参与。综合而言，大规模印刷的新闻传播促进了社会信息的更广泛互动，使得公众更积极地参与社会议题的讨论和决策，推动了社会的发展。

6. 新闻的快速更新

印刷技术的进步使新闻机构能够更快速地进行报道和编辑。与手写时代相比，新闻编辑、排版和印刷的效率大幅提高，使得新闻可以更及时地进入读者视野。即时报道成为了印刷新闻的一大特色，读者能够在事件发生后迅速获得相关信息。印刷媒体可以通过不同的版面或不同时间段进行内容的持续更新。例如，一份报纸可能在一天内发布多个版本，每个版本都包含当时的最新新闻。这种定期更新的方式保持了新闻的时效性，确保读者获取到最新的信息。随着印刷技术的发展，新闻速递服务逐渐兴起。通过专门的通讯网络和印刷设施，速递服务能够更快速地将重要新闻事件传送到各个地方。读者可以通过新闻速递服务及时获取到最新的消息。当社会发生变革或重大事件时，印刷技术的快速更新确保了社会能够及时了解并适应变革。新闻的快速更新有助于引导公众对于社会变革的认知和反应，促使社会更迅速地做出相应的调整。随着印刷技术的发展，电讯和电报等通信手段的应用也进一步加速了新闻的更新速度。新闻机构可以通过电报系统迅速收集和传递信息，使得新闻更新的速度大大提高。在印刷时代，新闻的生命周期缩短了许多。随着报纸、杂志等周期性出版物的普及，读者每天都可以获取到新的新闻内容，使得新闻的更新更为频繁，贴近社会的变化。随着多媒体技术的整合，印刷媒体不仅通过纸质媒介传播信息，还能够通过数字平台实现实时更新。这种整合提供了更多元的新闻表达方式，确保了信息的及时性和多样性。总体而言，印刷技术的进步使得新闻能够更快速地更新，满足读者对于即时信息的需求，同时也促进了新闻行业的不断创新。

7.文化交流与理解

印刷术的发展使得新闻能够跨越地域进行广泛传播。人们可以通过阅读印刷媒体获取来自世界各地的新闻报道，这有助于打破地域隔阂，促进不同地区之间的信息流动。印刷媒体为各种文化提供了展示的平台。通过报纸、杂志等印刷媒体，不同文化的新闻、观点和艺术可以被广泛传播。这有助于人们更全面地了解和欣赏多元文化，促进文化的交流和融合。随着印刷媒体的普及，对新闻内容的翻译变得更加普遍。这促使了不同语言和文化之间的交流，使得新闻可以更广泛地传播到全球不同的读者群体，有助于促进跨文化理解。通过印刷媒体传播的新闻，尤其是涉及国际事务的报道，有助于推动国际合作。国家间的政治、经济、文化等信息的流通促进了国际社会更好地理解彼此，为共同发展创造了条件。大规模传播的新闻为不同文明之间的对话提供了平台。文化之间的相互了解有助于消除误解和偏见，促进世界各地人们之间的和谐共处。通过印刷媒体传播的新闻报道中，常常包含了文学、艺术和其他文化元素。这有助于推广不同文化的文学作品、艺术品等，促进了文学与艺术的国际传播与交流。大规模传播的新闻为文化产业的国际化提供了机会。影视、音乐、时尚等文化产品通过印刷媒体传播，跨越国界，产生了跨国文化影响，形成了全球性的文化现象。总体而言，印刷媒体通过大规模传播新闻，促进了文化之间的交流与理解，推动了世界各地文明的相互影响与共融。

8. 影响舆论与社会变革

印刷媒体通过大规模传播的新闻影响着公众舆论。报纸、杂志等印刷品在塑造社会观念、引导公众注意力方面发挥了关键作用。编辑、评论员的观点通过印刷媒体传播，影响着读者对事件和议题的看法，从而塑造了社会的舆论氛围。新闻的大规模传播有助于社会观念的演进。通过印刷媒体，新思想、新理念可以更广泛地传播，推动社会观念的变革。例如，在历史上的启蒙时代，印刷术为新思想的传播提供了平台，推动了社会向更开明、理性的方向发展。印刷媒体可以揭露社会存在的问题，引起公众的关注。报道社会不公正、不平等、腐败等问题的新闻，通过大规模传播，促使社会对这些问题进行反思，并可能推动社会改革和变革。新闻的传播通过印刷媒体有助于引发公众对社会问题的关注，并促使公共参与。社会动员通过印刷品传播的呼吁和信息，可以推动公众参与社会运动，争取权益，推动社会变革。在一些历史时期，印刷术被用于推动文化革命，通过大规模传播特定意识形态的新闻，影响社会的价值观和文化观念，从而引发社会的重大变革。印刷媒体通过选择报道的主题和方式，可以设置社会议题，引起公众的广泛关注。这种关注可能导致社会对特定问题进行讨论，推动社会变革的进程。在国际层面，印刷媒体的传播也在一定程度上影响着文明之间的相互理解与冲突。通过新闻报道，国际社会能够更全面地了解不同文明的观点，有助于化解文明冲突，促进和解。印刷媒体通过大规模传播新闻，对舆论产生深远影响，推动了社会观念的演进和社会的变革。

总体而言，古老的印刷术对新闻的大规模传播产生了深远的影响，推动了信息传递的效率、可信度和多样性，促进了社会的发展与进步。

二、报纸的兴起与发展

(一) 第一份印刷报纸的诞生

第一份印刷报纸的诞生是新闻传播历史上的重要里程碑。

1.《创世纪》

第一份印刷报纸通常被认为是德国的《创世纪》，它于 1605 年在斯特拉斯堡由约翰·卡罗尔斯创办。这份报纸的诞生开创了印刷报纸的先河，为后来新闻产业的发展奠定了基础。

2. 技术突破

《创世纪》的创办得益于当时印刷技术的突破。卡罗尔斯使用了活字印刷技术，这种技术可以以更快的速度大规模印刷相同的文本，从而实现了新闻的迅速传播。

3. 新闻内容

《创世纪》提供了当时的政治、社会、军事等各方面的新闻报道。虽然相对于今天的报纸来说，它的内容较为简单，但它确立了报纸作为传递各种信息的媒体的概念。

4. 读者群体

初始的印刷报纸读者群体相对较小，主要是社会上层阶级和知识精英。然而，这为后来报纸业务的扩展创造了基础，使得新闻逐渐成为更广泛的信息来源。

5. 新闻产业的发展

《创世纪》的成功启示了人们，通过印刷技术可以迅速传播新闻，为新闻产业的发展创造了条件。随着时间的推移，报纸数量逐渐增多，内容也逐渐多样化，形成了现代新闻媒体的雏形。

6. 新闻传播的变革

第一份印刷报纸的诞生标志着新闻传播方式的根本性变革。相较于口头传播和手写新闻，印刷报纸通过印刷技术实现了信息的大规模传播，改变了新闻传播的格局。

7. 媒体的社会角色

随着印刷报纸的兴起，媒体逐渐成为社会中不可或缺的角色，负责传递信息、监督权力、引导舆论等。这一社会功能在后来的新闻发展中得到了延续和强化。

总体而言，第一份印刷报纸的诞生标志着新闻传播方式的历史性改变，为新闻媒体的发展奠定了基础。

（二）报纸对社会的影响与变革

1. 信息传播与知识普及

报纸确实在信息传播和知识普及方面发挥了关键作用。在报纸时代，报纸是人们获取各种信息的主要渠道，也是社会上知识传播和共享的媒介。通过报纸，人们能够了解国内外的时事新闻、分析评论、文学艺术信息、科技进展情况等多个领域的内容。报纸以每日或定期出版的形式呈现新闻，提供了相对即时的信息。这对于社会中关注时事、发展的个体和组织非常重要。报纸的发行覆盖面广，能够传递信息到城市和农村不同社会阶层，这种广泛性有助于确保信息能够触及到更广泛的受众。报纸不仅提供简要的新闻，还通过深度报道、专栏评论等形式深入挖掘新闻事件的内在含义，为读者提供更为全面的视角。报纸覆盖面广，不仅包括新闻报道，还有文化、科技、艺术、体育等多个领域的信息。这有助于读者获取更全面的知识。报纸通常包括小说、诗歌等文学作品，通过这些文学作品，读者能够接触到不同风格和文学流派的作品，促进文学艺术的传播和欣赏。一些报纸设有专门的教育栏目，为读者提供学术知识、实用技能等方面的信息，促进个体的学习和进步。总体而言，报纸的出现在信息传播和知识普及上发挥了不可替代的作用，为社会提供了一个重要的信息平台，推动了知识社会的发展。

2. 公共舆论引导

报纸的影响力不仅仅在于提供信息，更在于其对公共舆论的引导和塑造。这种引导作用主要体现在以下几个方面：编辑们通过选择报道的重点和社论的立场，能够将特定议题置于公众关注的焦点之下。这有助于引导公众关注和讨论特定的社会问题，推动社会对这些问题的思考和行动。报纸的评论和社论部分是编辑们表达观点、影响公众意见的重要平台。编辑们通过撰写评论，塑造了对事件、政策的评价，影响着读者对事物的看法和态度。报纸作为大众传媒，其报道和评论对公众舆论具有引导作用。对于重大事件、社会问题，报纸的立场和报道方式会在一定程度上塑造公众的看法，引导社会舆论的走向。报纸通过对社会问题的揭示和批评，有时能够激发社会的关注和行动，推动社会变革。报纸在推动社会改革和进步方面发挥了积极作用。报纸不仅提供信息，也为读者提供了表达意见和参与公共事务的平台。通过读者来信、社论反馈等方式，报纸促进了公众对社会事务的参与和讨论。总体而言，报纸在引导公共舆论、塑造社会观念和推动社会变革等方面发挥着重要的角色。

3. 政治参与与民主发展

报纸是传递政治信息的主要媒介之一，通过对政治事件、选举、政策的详实报道，为民众提供了了解政治状况的途径。这有助于提高公众对政治的认知水平。报纸通过社论、评论等形式，呈现编辑和专栏作家的观点，引导公众对政治事件的理解和看法。这有助于形成多元的公共舆论，促进政治议题的深入讨论。报纸通过对政府行为的监督报道，发挥着监察和舆论监督的作用。揭露腐败、丑闻等问题，有助于维护社会的公正和透明。

报纸通过对选举过程、候选人政策等报道，为选民提供了理性投票的信息。选民能够更全面地了解各方观点，从而做出更明智的选举决策。报纸通过对社会问题的关注和呼吁，能够激发公众对于社会问题的关心，并推动社会运动和变革。这有助于构建积极的社会氛围。通过读者来信、调查等方式，报纸能够反映出一定范围内的民意。这有助于政府更好地了解公众的需求和反馈，促进政府与民众之间的沟通。总体而言，报纸通过信息传递、舆论引导、政治监督等方式，推动了政治参与和民主发展。它为公众提供了获取政治信息、表达观点、参与公共事务的平台，有助于建设更加开放和民主的社会。

4. 文化传承与多元化

报纸通过对文学作品、艺术展览、文化活动的报道，促进了文学和艺术的传承。作为文化传播的媒体，报纸为文学家、艺术家提供了展示才华的平台，有助于推动文学和艺术的发展。报纸记录了时事和历史事件的报道，成为社会历史的一部分。这种历史的记载对于后代的文化传承至关重要，让人们能够了解过去，汲取经验教训，保持对文化传统的尊重。报纸通过对文化活动的推广报道，如传统节日、庆典等，有助于弘扬和传承当地的文化传统。这样的报道可以增加公众对传统文化的认同感和参与度。报纸的多元化体现在对各种文化元素的报道上。不同的报纸可以关注不同的文化层面，从而推动文化的多元化。这对于社会的文化丰富性和包容性都具有积极的影响。报纸有助于呈现少数文化的声音和特色，为社会中的不同文化群体提供了表达自己观点和展示独特文化的平台。这有助于促进文化的多元发展。总体而言，报纸通过对文学、艺术、历史等方面的报道，为文化传承提供了平台。其多元性使得各种文化元素都能够在社会中得到传播，促进了文化的多样性和丰富性。

5. 商业广告的崛起

报纸通过刊登广告成为商业社会中的推广媒体。企业通过在报纸上投放广告，可以向更广泛的受众传递信息，推广产品和服务。这为企业提供了有力的市场宣传途径，促进了商业的繁荣。广告的引入为报纸提供了财政支持，有助于维持报纸的运营。报纸通过销售广告空间获取广告费用，成为一个商业可行的媒体。这种商业模式使得报纸能够在市场竞争中生存和发展。广告不仅仅是产品和服务的宣传，也成为了商业与受众之间互动的桥梁。人们通过广告了解市场上的各种选择，而广告也反映了社会对于不同产品和服务的需求和偏好。这种信息传递促进了商业活动的发展。广告在报纸中的大量存在影响了社会的消费文化。通过广告，人们接触到新的产品、品牌和消费理念，从而影响购买决策和消费行为。这种文化塑造也反过来影响了商业的发展方向。广告产业的兴起为报纸创造了更多的就业机会，包括广告设计、销售、内容创作等方面。这有助于提高就业水平，促进了经济的发展。总体而言，商业与广告的崛起改变了报纸的运营模式，使其更加市场化。广告的引入不仅为企业提供了宣传平台，也为报纸提供了财政支持，推动了商业与新闻产业的相互融合。

6. 社会变革的推动者

报纸通过深入报道社会问题，揭示社会不公正、不平等方面的现象。这种曝光促使公众认识到当前存在的问题，并激发对改革和变革的渴望。报纸作为信息传播的媒体，可以为弱势群体发声，倡导社会正义。新闻报道可以呼吁公众关注并解决社会不公而努力，推动社会朝着更公正的方向发展。报纸报道的社会问题常常激发公众对社会事务的关注和参与。这种参与可能包括示威、请愿、慈善行动等，从而推动社会的变革。报纸的社论、评论等栏目可以对社会事件进行解读和评价，形成舆论引导的力量。通过引导舆论，报纸能够影响社会的态度和价值观，推动社会的变革。报纸作为信息的传播者，通过报道先进的社会实践、科技创新等，可以倡导社会进步和发展。这种倡导有助于引领社会朝着更先进、更文明的方向发展。总体而言，报纸通过新闻报道和舆论引导，对揭示社会问题和倡导社会正义方面，起到了积极作用。报道的力量能够唤起公众的关注，推动社会的发展和进步。

7.科技与报纸的融合

报纸通过数字化平台，如网站和移动应用，实现了内容的数字化传播。读者可以通过电子设备随时随地获取新闻，提高了信息的传递效率。科技的发展使得报纸的报道不再局限于文字，还包括图像、音频、视频等多媒体元素。这种多媒体报道形式更生动直观，能够更全面地呈现新闻事件。报纸通过社交媒体平台将新闻内容推送给更广泛的受众。社交媒体的传播速度快，有助于新闻在社交网络上的快速传播。通过在线评论、投票和互动功能，读者可以更直接地参与到新闻报道中。这种互动性体验增加了读者与报纸之间的联系，促进了读者参与感。利用数据可视化和分析技术，报纸可以更深入地呈现数据驱动的新闻报道。这种形式的报道有助于读者更好地理解复杂的社会问题。互联网和移动技术使得报纸能够实现即时更新，及时反映新闻事件的发展。读者可以实时获取最新的信息，提高了新闻的时效性。利用算法和人工智能技术，报纸可以根据读者的兴趣和阅读历史推荐个性化的新闻内容，提升了用户体验。这种科技与报纸的融合不仅改变了新闻的传播方式，也带来了更丰富、更多样化的新闻体验。

8.社会凝聚力

报纸作为一种传统媒体，在提升社会凝聚力方面发挥着重要的角色。通过共享共同的信息和价值观，报纸有助于建立社区感和集体认同，推动社会的和谐和团结。社交凝聚力有助于以下几个方面的发展：报纸报道本地社区的新闻和事件，让居民更好地了解彼此的生活和关注点。这有助于形成共同体认同感，加强居民对社区的归属感。报纸通过文学、艺术、历史等方面的报道，传递和弘扬社会的文化。这有助于形成共享的文化价值观，促进文化传承和发展。报纸通过对社会事件和公共事务的报道，鼓励居民参与社会活动和政治过程。这有助于培养公民意识，推动社会的发展和改革。通过对社会问题的深入报道，报纸引导读者关注共同的社会议题，如环保、教育、健康等。共同的关切有助于促进社会的协同努力解决问题。报纸作为一个传媒平台，提供读者交流的机会，如读者来信、社论反馈等。这种互动有助于建立读者之间的联系，形成社会凝聚力。报纸在提升社会凝聚力方面，既是信息的传播者，又是社会共同体的建设者。通过传递正面信息、引导共同关注点、提供互动平台，报纸在社区和社会层面发挥着重要作用。

总体而言，报纸在社会中起到了多方面的重要作用，影响了社会结构、文化传承、政治体系和经济发展等多个方面。

第三节　广播时代

一、广播技术的引入

（一）无线电技术的发展

从最早的无线电波的发现到今天的先进通信技术，无线电技术的发展是一段激动人心的历史。

1. 电磁波的发现

亨利·赫兹的实验证实了电磁波的存在，这是无线电技术发展的里程碑。赫兹在实验中使用了一种被称为赫兹振荡器的设备，成功地产生并检测到了电磁波。赫兹首先使用电流产生器产生高频交变电流。这个电流在电路中产生变化，形成了振荡电流。振荡电流通过天线导致电场和磁场的变化，这些变化在空间中以波的形式传播，即电磁波。赫兹设计了一个接收器电路，其中包括一个天线，用于接收远处的电磁波。他使用这个接收器来验证电磁波的存在，通过检测到在空间中传播的波。这一实验证明了电磁波的存在，并为后续的无线电技术发展提供了理论基础。赫兹后来成为无线电通信领域的先驱之一。

2. 马可尼的电报

马可尼的工作标志着无线电通信技术的实际应用。他通过赫兹发现的电磁波原理，搭建了世界上第一个无线电报系统。这个系统包括了一个发射器和一个接收器，它们通过电磁波传送信号，实现了无线电信号的传输。这一里程碑性的实验在无线电通信领域产生了深远的影响，为后来的无线电广播、通信和远程控制技术的发展奠定了基础。马可尼的贡献为实际的无线电应用提供了一个切实可行的范例，为后续科学家和工程师的研究铺平了道路。

3. 晶体管的发明

贝尔实验室科学家的晶体管发明是电子技术领域的一次革命性突破。晶体管的出现代替了原有的体积较大、易损坏的电子管，极大地提高了电子设备的性能和稳定性。晶体管是一种半导体器件，具有小巧、轻便、高效、耐用等优势。这种技术的应用对于收音机等设备的小型化、便携化起到了关键作用。人们可以更方便地携带收音机，随时随地收听新闻、音乐和其他广播节目，这对于信息传播和娱乐产业都产生了深远的影响。此外，晶体管的应用也推动了计算机技术的发展，为现代信息社会的到来奠定了基础。因此，晶体管的发明在电子技术史上占据着重要的地位。

4. 卫星通信的崛起

卫星通信的崛起标志着通信技术进入了一个新的时代。首颗通信卫星在 1962 年成功发射，它被命名为"波德斯塔一号"（Telstar 1）。这颗卫星由美国电信公司贝尔实验室制造，是世界上第一颗商用通信卫星。卫星通信通过在地球轨道上部署卫星，利用卫星与地面站之间的通信，实现了全球范围内的信息传输。这项技术的出现彻底改变了通信方式，为人们提供了更广泛、更高效的通信手段。卫星通信消除了地理位置的限制，使得通信能够覆盖全球范围。无论在城市、乡村，甚至是海洋和偏远地区，人们都可以通过卫星通信进行有效的信息交流。与传统的地面通信相比，卫星通信具有更高的稳定性。卫星可以提供持续的覆盖，减少了天气和地形等因素对通信的影响。卫星通信推动了广播和电视行业的发展。通过卫星传输，电视节目、新闻和广播可以在全球范围内实时传递，促进了文化的交流。企业和政府机构利用卫星通信进行国际业务和联络。这为国际贸易、紧急救援、科学研究等领域提供了便捷的通信手段。总体而言，卫星通信的崛起为全球通信架构带来了革命性的变化，促进了全球化、信息化的进程。

5. 数字通信技术

20 世纪末至 21 世纪初，数字通信技术的崛起带来了无线通信领域的革命。移动电话、互联网等数字通信方式极大地改变了人们的生活和工作方式。数字通信技术的崛起标志着通信领域进入了一个全新的时代，这一技术的发展涵盖了多个方面：与模拟通信不同，数字通信采用数字信号进行信息的传输和处理。数字信号可以更容易地被处理、存储和传输，提高了通信系统的灵活性和效率。数字通信技术推动了移动通信的普及，使得移动电话成为人们生活不可或缺的一部分。数字化的通信网络提供了更高的通信质量和更多的功能，为用户提供了更广泛的服务。数字通信技术是互联网发展的基础。通过数字通信网络，人们可以实现高速、大容量的数据传输，促进了互联网的快速发展，推动了信息时代的到来。数字通信技术支持宽带通信，使得高速互联网、高清视频和在线游戏等服务成为可能。宽带通信提供了更大的带宽，提高了数据传输速度，改善了用户体验。数字通信技术的发展也带来了对网络安全的新挑战。随着数字化的扩大，保护信息安全成为一个重要议题，涉及加密技术、网络防火墙等方面的创新。数字通信技术支撑了物联网的发展。通过数字通信网络，各种设备和传感器可以实现互联互通，实现智能化的监测、控制和数据交互。总体而言，数字通信技术的崛起改变了人们的通信方式、工作方式和生活方式，为信息社会的建设和发展提供了强大的支持。

6.5G 技术的推出

当前，随着第五代移动通信技术（5G）的推出，无线电技术正迎来一个全新的时代。5G 技术将提供更快的数据传输速度、更低的时延以及更大的连接容量，将深刻影响通信、物联网和未来科技的发展。5G 技术的推出标志着通信领域的巨大进步，它引领了新一轮的技术革命和社会变革，5G 技术将网络的数据传输速度提高到了前所未有的水平。用户可以更迅速地下载和上传大量数据，支持高清视频、虚拟现实等对高速网络的需求。5G网络实现了更低的时延，通信的响应时间更短。这对于实时应用，如远程医疗、自动驾驶汽车等具有关键意义，提高了通信的实时性。5G网络能够支持更多的设备同时连接，实现更大规模的物联网应用。这对于智能城市、智能家居等领域的发展具有重要意义。5G技术为通信网络带来了创新。采用毫米波频段、多天线技术等，使得网络更灵活、更高效，能够适应各种复杂环境和需求。5G技术的普及将推动相关产业的发展，包括通信设备制造、智能终端、云计算等。这将带动全球经济的增长，并创造新的商业机会。5G技术不仅提升了现有应用的性能，还为许多新的应用场景打开了大门。例如，增强现实（AR）、虚拟现实（VR）、远程医疗等领域将迎来更多创新。5G技术被认为是未来科技发展的基石，将为人工智能、自动化、大数据等技术提供更强大的支持，推动数字化社会的进一步发展。5G技术的推出不仅是通信技术的一次飞跃，更是对整个社会产业结构和生活方式产生了深刻影响。随着5G技术的不断演进，我们将迎来更多令人振奋的科技创新和社会变革。

无线电技术的发展一直以来都在推动着人类社会的进步，从简单的电报到今天高度复杂的通信网络，每一个阶段都为人类创造了更广阔的沟通和交流的空间。

（二）广播的兴起和初期发展

广播的兴起和初期发展标志着一种全新的信息传播方式的出现。

1. 早期广播实验

广播的起源可以追溯到19世纪末和20世纪初。无线电技术的发展促使科学家们进行广播实验。马克尼柯夫等人在电磁波传输方面的工作为后来的广播技术奠定了基础。

2. 马可尼的广播实验

1895年，马可尼不仅成功传输了电报信号，还进行了无线电的广播实验。这为后来的广播技术提供了启示。

3. 亨利·福特的广播实验

在 20 世纪初，亨利·福特也进行了一系列的广播实验，试图将声音通过无线电波传播。尽管这些实验在当时并不成功，但为广播技术的发展提供了经验和尝试。

4. 第一台商业广播电台

第一台商业广播电台是 KDKA，它于 1920 年在美国宾夕法尼亚州开始正式广播。这标志着广播从实验阶段进入了商业化运营。

5. 广播的快速发展

20 世纪 20 年代至 30 年代是广播行业快速发展的时期。许多国家都设立了广播电台，广播节目逐渐丰富，包括音乐、新闻、娱乐等多种内容。

6. 广播的社会影响

广播技术改变了人们获取信息和娱乐的方式。通过广播，大规模的听众可以同时收听相同的内容，这对于社会文化的传播和共享产生了深远的影响。

7. 广播技术的创新

随着技术的发展，广播技术不断创新。引入调频广播、立体声广播等技术，提高了音质和广播的体验。

8. 政府干预和监管

随着广播的普及，政府开始对广播进行干预和监管。广播法规的制定和管理体系的建立成为必要，以确保广播服务的公正和合法。

广播的兴起和初期发展是传媒史上的重要时刻，为信息传播的革新和大众文化的形成打下了基础。从最初的实验到商业广播的崛起，广播为人们提供了一种全新的沟通和娱乐方式，影响深远。

二、电视新闻的崛起

（一）电视时代对新闻报道的影响

1. 视觉化的新闻呈现

视觉化的新闻呈现在电视时代起到了革命性的作用。过去，新闻主要通过文字来传达，但电视的引入使得信息可以通过图像和视频得以展示，这对新闻报道产生了深远的影响。首先，通过图像和视频，电视新闻让观众能够更生动地了解事件。观众可以亲眼目睹现场的情况，这种直观的体验大大提高了新闻的真实感。例如，通过实地报道，新闻记者可以走进灾区、战场或其他事件现场，将观众带入事件的核心，使他们更深入地了解发生的情况。其次，视觉化的新闻呈现增加了信息的多样性。不仅仅是文字，还有照片、视频片段、图表等多种形式的表达，使得报道更加生动多彩。这种多媒体的呈现方式让观众在更短的时间内获取更多的信息，提高了信息的吸引力和传递效率。另外，电视新闻的视觉化呈现也促使了更深层次的思考。观众可以通过看到事件的实际影像更好地理解其背后的背景和原因。这种深入了解有助于观众形成更全面的观点，而不仅仅是从文字报道中得知一部分信息。总体而言，视觉化的新闻呈现使得信息传递更加生动、直观，极大地丰富了新闻报道的表现形式，提升了观众对新闻的参与度，也深化了对新闻的理解程度。

2. 即时报道和直播

即时报道和直播是电视新闻领域的一项巨大进步。在电视时代，新闻报道不再局限于文字的呈现，而是通过即时报道和直播将观众带到事件的现场，使他们能够实时了解正在发生的事情。首先，相较于传统的印刷媒体，电视新闻的记者可以更迅速地响应事件，第一时间到达现场进行报道。这种实时性使得新闻报道更加及时，观众能够更早地获取关键信息。其次，直播技术的引入使得观众能够在事件发生的过程中实时观看。通过直播，电视新闻可以将观众带到灾区、体育比赛等各种现场，让观众感受到事件的真实性和紧迫感。这种亲临现场的感觉极大地提高了观众的参与感和体验感。另外，即时报道和直播也增加了新闻报道的透明度。观众可以亲眼见证事件的发展，而不仅仅是通过文字来了解。这种透明度有助于建立观众对新闻机构的信任，因为他们能够亲眼看到事件的真实情况。总体而言，即时报道和直播为电视新闻带来了更高的时效性、真实性和参与度，使观众更深入地了解和感受新闻事件。

3. 全球新闻的覆盖

电视新闻的全球化是电视时代对新闻报道的一项显著影响。这一趋势使观众能够更广泛地了解和关注全球各地的事务，促进了全球意识和跨文化理解。首先，电视新闻通过国际化的报道，将全球各地的重要事件呈现给观众。卫星技术的应用使得新闻报道能够实现实时传输，记者能够更迅速地到达全球各个角落进行报道。这种国际化的报道方式让观众能够及时了解世界各地发生的事件，提高人们对全球事务的关注度。其次，电视新闻的全球化促进了跨文化交流和理解。观众通过电视新闻能够窥见其他国家和地区的文化、社会制度、风土人情等方面的信息。这有助于打破文化隔阂，促进不同文化之间的交流和理解，加深公民的全球意识。另外，全球新闻的覆盖也让观众更容易了解国际关系和全球性问题。政治、经济、环境等全球性议题得到更广泛的报道，使观众能够更全面地了解这些问题的背景、发展和影响，从而提高了公众对全球性事务的认知。总的来说，电视新闻的全球化使新闻报道不再局限于国家边界，而是覆盖了整个世界。这有助于培养观众的全球意识，推动跨文化理解和国际交流。

4. 新闻娱乐化

电视时代对新闻报道的娱乐化趋势影响确实是一个显著的方面。这一趋势使新闻呈现更生动有趣，但也引发了人们对新闻真实性和专业性的关切。首先，新闻娱乐化使报道更加生动活泼。电视新闻以其视觉化的特性，通过图像、视频等手段让新闻更具戏剧性，吸引了更多观众的注意力。生动的表现形式使得信息更易被观众理解和记忆。其次，以娱乐为导向的新闻呈现方式吸引了更广泛的观众。通过增加新闻的娱乐性，电视新闻能够涵盖更广泛的受众群体，包括那些可能对传统新闻形式不太感兴趣的人。这有助于提高新闻的传播效果，扩大了新闻的影响范围。然而，新闻娱乐化也带来了一些问题。其中一个主要问题是可能牺牲了新闻的真实性和深度。为了吸引观众，有时候新闻报道可能夸大事实、注重轰动效应，而忽略了对事件本质的深度解析。这可能导致观众对真相的误解或对事件的片面看法。另外，对新闻娱乐化的过度追求也引发了人们对新闻专业性的担忧。有时候为了吸引眼球，娱乐性的元素可能优先于新闻的客观、准确性。这对于维护新闻行业的公信力提出了一些挑战。总体而言，新闻娱乐化是电视时代对新闻报道的双刃剑，既能够吸引更多观众，也可能引发人们对新闻质量和真实性的担忧。

5.影响公共舆论

电视新闻的视觉和声音元素对公众舆论产生了更直接和深刻的影响。电视通过视觉和声音元素更好地传递情感。人们更容易通过看到和听到来产生共鸣，从而更深刻地理解新闻事件的人性层面。这可以是在涉及情感、人性故事或紧急事件时产生强烈的影响。电视新闻在舆论引导方面有强大的力量。编辑决定如何呈现新闻，选择报道的角度和语言，都会直接影响观众对事件的看法。这种影响力可以塑造公众的观念和态度。通过视觉元素，电视新闻能够强调某些事件的重要性。镜头的选择、音效的运用等手法可以让某个事件在观众心中占据更重要的位置，从而引导公众关注特定议题。视觉化和声音化增加了新闻的真实感。观众通过看到实地报道、听到亲历者的声音，更容易信任新闻的真实性。这有助于建立观众对新闻机构的信任感。电视新闻的报道方式可能在言辞和表达上更富有感染力。这可能通过记者的表达方式、采访对象的语言，以及整体的呈现手法对观众的看法产生深远的影响。总体而言，电视新闻在情感共鸣、舆论引导、事件重要性强调等方面的特性，使其成为影响公共舆论的强大工具。这也提醒我们在理解新闻时要保持批判性思维，考虑到报道的视角和可能的偏见。

6.新闻报道的编辑选择

编辑在电视新闻中扮演着至关重要的角色，他们的选择和决策直接影响着新闻的呈现方式和观众的感知。编辑决定采取哪种角度来报道新闻。这可能包括从不同的视角呈现事件，强调不同的方面，从而影响观众对事件的看法。编辑负责构建新闻故事的结构，选择重点，以及决定何时揭示关键信息。这决定了观众在观看时关注的重点。编辑通过选择特定的画面、音效和背景音乐来增强新闻的表现力。这可以在观众中产生情感共鸣，对事件产生更深远的印象。编辑决定哪些采访对象出现在报道中，以及他们说了什么。这直接影响观众对事件参与者的看法。编辑需要决定在新闻时段内分配多少时间给不同的故事。这决定了观众对各种事件的关注程度。在有限的时间内，编辑需要确定哪些新闻最重要，最值得观众关注。这涉及到对社会关切点的判断。编辑的这些选择反映了他们对观众兴趣、社会价值观和新闻目标的理解。这也提示观众在观看新闻时保持批判性思维的重要性，以便更全面地理解报道的内容。

7. 广告对新闻的影响

广告对新闻的影响是一个备受争议的话题。由于电视新闻的商业性质，广告赞助商对新闻频道的资金支持至关重要。然而，这也可能导致赞助商对新闻编辑内容产生影响，以确保报道不损害其利益。编辑可能面临来自广告赞助商的压力，要求报道某些内容或避免报道特定主题。这可能影响到新闻报道的全面性和客观性。一些新闻节目可能在广告和新闻之间无法划清界限。广告形式的新闻内容或新闻式广告可能让观众感到困惑，不确定何时是真正的新闻报道。广告赞助商通常希望他们的广告在新闻时段能够获得更多曝光。这可能导致编辑更倾向于报道与赞助商相关或对赞助商友好的内容，而不是某些可能引起争议的话题。广告的存在可能引发对新闻独立性的质疑。观众可能会怀疑广告赞助商是否影响了新闻报道的真实性和客观性。维持新闻报道的独立性是对新闻行业的一项挑战。在商业化的背景下，编辑和新闻机构必须努力平衡广告赞助商的需求与新闻报道的公正性和客观性。这也促使了对新闻质量和独立性的监督与反思。

8. 社会互动

电视新闻的互动性在社交媒体的兴起和普及下得到了进一步强化。观众不再只是接收信息的对象，而是可以更加活跃地参与到新闻讨论和互动中。社会媒体平台成为观众表达观点、分享看法、提出问题的重要场所。

这对于新闻机构和记者来说，接收了更多的反馈，也让新闻报道更贴近观众的需求。这种互动性有助于形成更加多元化和丰富的新闻传播生态系统。

电视时代的新闻报道不仅改变了信息传播的方式，也对社会产生了广泛的影响。从新闻的呈现形式到观众的参与方式，电视时代为新闻传播带来了全新的面貌。

（二）电视新闻的专业化与创新

1. 记者专业化培训

记者专业化培训在电视新闻领域尤为重要。通过系统的培训，记者能够掌握专业的新闻素养和技能，包括但不限于学习如何进行有效的采访，以获取更全面、深入的信息。学会对采集到的信息进行筛选、编辑，确保呈现给观众的是清晰、简洁的报道。了解新闻行业的伦理规范，遵循新闻报道的道德准则，保持内容的客观、公正。学习运用多种媒体技术，包括摄影、视频编辑等，提高报道的视觉效果。接受应对紧急新闻事件的培训，提高在紧急情况下冷静应对的能力。对不同领域的专业知识有一定了解，以便更好地理解和解释相关新闻。这些培训措施有助于确保记者在面对各类新闻事件时能够胜任其职责，提高其新闻报道的质量。

2. 新闻制作团队

新闻制作团队在电视新闻中发挥着关键作用，他们协同合作以确保新闻节目的制作质量。这个团队通常包括：摄影师负责拍摄和录制新闻素材，保证图像的清晰度和质量；编辑进行新闻素材的剪辑、拼接和后期制作，确保呈现给观众的内容流畅而有条理；导演负责协调整个新闻制作过程，确保各个环节的协同工作，达到预期的效果；制片人策划和组织新闻节目的制作，与编辑、导演等协同工作，确保整个节目的质量和效果；记者提供新闻线索、进行采访，是新闻制作的第一线人员；化妆师、服装师等负责新闻主持人和嘉宾的妆容和着装，确保他们在镜头前呈现出专业的形象。专业的新闻制作团队需要密切协作，保证新闻报道的及时性、准确性和吸引力。每个团队成员都发挥着独特的作用，共同努力确保最终呈现给观众的是高质量的新闻节目。

3. 技术创新

技术创新在电视新闻领域发挥着重要作用，它不仅拓展了报道的形式，还提升了观众的参与感和沉浸感。一些技术创新包括：通过无人机可以获得高空、远距离的视角，用于拍摄自然灾害、大型活动等场景，丰富了新闻报道的画面和内容。利用虚拟现实技术，观众可以沉浸式地体验新闻现场，增强了互动性和参与感。这种技术可以用于报道一些需要观众深度体验的事件。通过在实景中叠加虚拟信息，AR 技术可以为观众提供更详细、丰富的信息，例如体育比赛中显示球员数据，或者在历史报道中展示过去的场景。使用实时生成的图片和动画，可以更生动地呈现新闻故事，解释复杂的事件和数据，使得信息更易理解。这些技术创新不仅使电视新闻更具吸引力，也提高了报道的表现力和效果。随着技术的不断发展，未来还将有更多创新应用于电视新闻制作中。

4. 实时互动

实时互动是电视新闻领域的一项重要创新。通过社交媒体和其他在线平台，观众可以在新闻报道的同时实时参与互动，包括但不限于：观众可以在社交媒体平台上对新闻报道进行评论和讨论，分享他们的看法和观点，形成更广泛的社会对话。有些电视新闻节目通过在线平台进行实时投票，征求观众对特定问题或事件的看法，从而反映公众意见。一些新闻节目通过社交媒体或在线直播平台接受观众的提问，并在节目中回答一些问题，增加了观众与记者之间的互动。观众可以通过社交媒体平台分享他们认为重要或有趣的新闻内容，从而扩大新闻的传播范围。实时互动不仅增强了观众与新闻之间的联系，也使得新闻报道更加生动、多元化，并反映了公众的实际关切。这种互动性的创新使电视新闻更贴近观众，更好地满足了现代观众对即时性和参与性的需求。

5. 主题深度报道

主题深度报道是电视新闻领域的一项关键创新。这种报道形式通过专题、系列节目、纪录片等方式，对社会问题进行深入调查和深度报道。这种创新有以下几个方面的影响：主题深度报道不仅关注新闻事件的表面，还尝试深度挖掘社会问题的背后原因、影响和解决方案。这有助于提供更全面、深入的信息，使观众更好地理解问题的本质。通过深度报道，新闻媒体有机会引导观众深入思考社会问题，并促使他们对复杂的议题形成独立见解。这有助于培养公众对于社会问题的深刻理解和关切。主题深度报道通常需要更多的时间和资源，但也更容易达到高质量的报道水平。这有助于提高电视新闻的专业性和可信度。通过深度报道，电视新闻机构有机会在某一领域建立专业声誉和品牌影响力。观众可能更愿意信任那些能够提供深度报道的媒体。现代观众对于有深度的信息需求日益增长。主题深度报道满足了观众这一需求，使新闻更具吸引力。总的来说，主题深度报道是电视新闻不断创新的一种方式，有助于提高新闻的深度、广度和影响力。

6. 数据新闻

数据新闻是电视新闻领域的又一项重要创新。通过运用数据可视化技术，可以将大量信息以图表、图形等形式呈现在屏幕上，数据新闻有以下几个影响：数据新闻通过可视化方式呈现信息，使得复杂的数据和统计变得更加直观易懂。观众可以通过图表等形式一目了然地理解新闻中涉及的数字和数据。通过视觉化呈现，数据新闻能够更有效地传递信息。图表和图形的使用使得观众在短时间内就能够获取关键信息，提高了信息传递的效果。视觉信息更容易被人类大脑记忆和理解。数据新闻的可视化元素有助于观众更深刻地理解新闻事件，增加信息的记忆度。数据新闻通常以互动的形式呈现，观众可以根据自己的兴趣和需求进行信息筛选、交互式探索。这有助于提升观众的参与度和互动性。数据新闻为电视新闻报道提供了一种新的方式，使得报道更加多元化。通过数据的视觉呈现，新闻报道可以更全面地覆盖复杂的议题。数据新闻为电视新闻注入了更多的创新元素，通过视觉化方式提高了信息的传递效果，更好地满足现代观众对于信息直观呈现的需求。

电视新闻的专业化和创新化是适应现代社会需求的必要能力，它们有助于提升新闻报道的质量和吸引力。

第四节 数字媒体时代的兴起

一、互联网的普及与影响

（一）互联网的早期发展

互联网的早期发展经历了多个关键阶段，以下是其中的一些重要事件：

1.ARPANET 的建立

互联网的起源可以追溯到 20 世纪 60 年代末和 70 年代初，在美国国防部的高级研究计划署（ARPA）资助下，由科学家们创建了 ARPANET（高级研究计划署网络）。ARPANET 于 1969 年建成，是世界上第一个实际应用的分组交换网络，它的出现奠定了互联网的基础。

2.TCP/IP 协议的制定

为了使 ARPANET 上的不同计算机系统能够互相通信，美国计算机科学家 Vinton Cerf 和 Robert Kahn 共同设计了 TCP/IP 协议，该协议成为互联网通信的标准。

3.域名系统的引入

在 20 世纪 80 年代初，域名系统（DNS）被引入，让用户可以通过易记的域名代替 IP 地址访问网站，极大地简化了互联网的使用。

4.万维网（WWW）概念的提出

1990 年，英国物理学家蒂姆·伯纳斯－李提出了万维网的概念，开发了第一个网页浏览器和网页编辑器。这一创新使得互联网的使用更加直观、友好，促进了信息的快速传播。

5. 商业互联网的兴起

20 世纪 90 年代中期，互联网开始向商业应用拓展。一些公司开始将商业活动和服务转移到在线平台，电子商务开始崭露头角。

6. 搜索引擎的发展

1990 年代末至 2000 年代初，搜索引擎如谷歌、雅虎等相继出现，大大改善了用户查找信息的体验，成为互联网上不可或缺的工具。

7. 社交媒体的兴起

21 世纪初，社交媒体平台开始崭露头角，为用户提供了分享信息、建立社交关系的新途径。

8. 移动互联网的崛起

随着智能手机和移动设备的普及，移动互联网在 21 世纪初崛起。人们可以随时随地访问互联网，改变了信息获取和社交的方式。

这些关键事件共同构成了互联网的早期发展阶段，为今天复杂而高度互联的数字世界奠定了基础。

(二) 网络对新闻采编的颠覆性影响

网络对新闻采编的影响可以说是颠覆性的，主要表现在以下几个方面：

1. 实时性和即时报道

网络的实时性让新闻报道变得更加迅速。记者可以通过网络迅速获取信息，并即时发布。社交媒体平台的兴起也使得新闻可以瞬间传播，实现了更为即时的报道。

2. 多媒体形式

网络支持多种形式的信息传递，包括文字、图片、音频和视频等。这使得新闻报道更加生动直观，读者可以通过多种感官获得信息，提高了新闻的吸引力。

3. 全球化报道

网络打破了地域限制，新闻可以通过互联网覆盖全球。新闻机构和记者可以跨越国界，报道国际性事件，加深了全球对事件的了解。

4. 用户参与

网络时代，用户不再只是被动接收新闻，还可以参与到新闻的制作和传播中。社交媒体上的评论、分享、转发等行为让用户成为新闻生产的一部分。

5. 新闻来源的多样性

网络为新闻提供了更多的来源，不再局限于传统的新闻机构。个人博客、社交媒体、公民记者等都可以成为新闻的来源，拓宽了信息的渠道。

6. 信息过载和可信度挑战

尽管网络提供了大量信息，但也带来了信息过载的问题。同时，网络上的信息真实性难以保证，存在着假新闻和不准确信息的风险，提升了新闻可信度的管理难度。

7. 商业模式的变革

传统新闻业务的商业模式受到网络的冲击。广告和订阅收入的下降，以及互联网上免费获取信息的普及，使得新闻机构不得不寻找新的商业模式。

这些变化共同塑造了网络时代新闻报道的面貌，使其更加开放、多元，但同时也带来了一些挑战，包括信息可信度、商业可持续性等问题。

二、社交媒体的崛起

（一）社交媒体对新闻传播的改变

社交媒体为新闻传播带来了深刻的改变，影响主要表现在以下几个方面：社交媒体平台提供了即时发布和分享信息的渠道，使新闻可以瞬间传播。记者和新闻机构通过社交媒体能够实时报道事件，吸引更多观众。社交媒体让用户成为新闻传播的参与者。用户可以通过评论、点赞、分享等方式表达自己的观点，形成更为广泛的社会对话。同时，社交媒体上的用户生成内容也成为新闻来源之一。社交媒体支持文字、图片、视频等多种形式的信息传递。这使得新闻报道更加生动直观，读者可以通过不同的媒体形式更全面地了解事件。社交媒体跨越了地理限制，新闻可以通过平台在全球范围内传播。这促进了国际新闻的传播和了解，加深了对全球事务的认知。社交媒体平台通过算法分析用户的兴趣和行为，为用户推荐个性化的新闻内容。这种信息过滤使用户更容易获取到符合其兴趣的新闻，但也带来了信息茧房和信息偏见的问题。社交媒体上存在大量用户生成内容，其中可能包括假新闻和不准确信息。这对新闻的可信度提出了挑战，所以需要平台加强信息审核和管理能力。社交媒体上信息传播的速度极快，有时甚至超过了传统媒体。这导致了信息的瞬时传递和焦点的快速转移，使得一些事件在社交媒体上获得的关注超过传统新闻。社交媒体的兴起改变了新闻传播的商业模式。广告和信息推广成为社交媒体平台主要的盈利方式，而传统媒体面临着广告收入减少的挑战。这些变化使得社交媒体成为新闻传播中不可忽视的力量，同时也引发了一系列关于信息真实性、隐私保护等方面的社会讨论。

（二）公众参与与新闻社区的形成

公众参与与新闻社区的形成在互联网和社交媒体时代变得更加显著，呈现以下特点：

1. 评论和讨论

社交媒体和新闻网站的评论区成为公众表达意见、提出问题、进行讨论的平台。这种互动性促进了读者与新闻机构和其他读者之间的交流。

2. 社交媒体平台

公众通过社交媒体平台形成了各种新闻社区，例如通过特定的主题标签进行讨论，或在群组中分享相关新闻和意见。

3. 网络论坛和社区

一些新闻网站设有论坛或社区板块，使得读者可以在专门的平台上深入探讨新闻话题，形成更紧密的社群。

4. 公民新闻参与

互联网和社交媒体使得公民新闻更容易实现，公众可以通过上传图片、视频或文字报道事件，参与到新闻报道中，成为新闻的创作者。

5.线上活动和运动

在社交媒体上，公众可以组织和参与各种线上活动和运动，通过新闻传播平台推动社会议题，引起广泛关注。

6.新闻信任度的影响

公众参与的同时，社交媒体上的信息也受到了更广泛的信任度考验。公众需要在海量信息中筛选，对信息的真实性和可信度提出更高要求。

7.媒体批评和监督

公众通过社交媒体平台可以对媒体进行批评和监督，推动媒体更加负责任地履行其职能，确保信息的客观性和准确性。

8.社交媒体推动议题

一些社交媒体平台成为特定议题的聚焦点，通过公众参与，某些议题得到更广泛的传播和讨论，从而影响社会观念和政策。

这些变化使得新闻传播不再是单向的，而是一个多向互动的过程，公众参与的提升也促使新闻机构更加关注公众的需求和关切。

第二章 新闻采编流程

第一节 新闻采集与编辑

一、新闻采集

新闻采集是新闻采编流程的关键步骤，它涉及获取、搜集和整理新闻素材的过程。

（一）实地采访

实地采访是新闻采集中至关重要的环节，它有助于记者获取第一手、真实且翔实的资料，提高报道的可信度和深度。下面详细介绍实地采访的一些重要方面：

1. 目的明确

确保采访的有效性和质量，首要的一步就是明确采访的目的和主题。这个过程包括对事件或主题的深入了解，确定需要获取的信息类型，以及明确新闻报道的整体方向。只有在目的明确的情况下，记者才能选择采访对象，并且有针对性地提出问题，在采访过程中保持专注，确保收集到与报道相关的信息。明确的目的有助于避免采访过程中偏离主题，确保所获得的信息符合新闻报道的整体框架。此外，目的的明确性还为后续的编辑和整理提供了清晰的指导，使整个新闻制作过程更加有序和高效。在目的明确的基础上，记者可以更好地与采访对象沟通，引导对方提供更具深度和价值的信息，从而为新闻报道提供更为丰富和全面的素材。

2. 采访对象选择

选择适当的采访对象是确保采访有效性和信息准确性的重要步骤。不同的新闻主题可能需要与不同类型的采访对象进行对话，以获取全面的信息和多个视角。采访对象可以涵盖当事人、专家、目击者、相关方等多个层面，每个层面都有可能为报道提供独特的信息和见解。对于涉及事件或问题的新闻报道，直接采访当事人能够呈现事实的真实性和直接性。专家的观点和解释可以为报道提供专业性和深度。目击者的经历和见证有助于增加报道的情感色彩和真实感。因此，记者在选择采访对象时需要综合考虑不同层面的信息需求，并确保所选对象能够提供最相关和有力的信息。正确的采访对象选择不仅为新闻报道提供了更全面的视角，也增强了报道的权威性和说服力。在与采访对象互动时，记者需要善于提问，引导对象表达清晰的观点和事实，以确保采访的效果最大化。

3. 提前准备

提前准备是确保实地采访顺利进行的关键步骤。在采访之前，记者需要对采访对象和相关事件进行充分的了解和准备，这有助于提出更具深度和针对性的问题，同时确保采访的质量和效果。具体的准备工作包括：对采访对象的基本背景、经历、专业领域等进行深入了解。这有助于确定提问的角度和深度，使采访更加有针对性。如果采访涉及某一事件或问题，记者需要了解该事件的发展经过、相关人物、社会背景等信息。这有助于提出与事件相关的深层次问题。根据前期的了解，准备一系列有深度和广度的问题。问题的设计应该能够引导采访对象深入阐述观点、提供详细信息，从而为报道提供更全面的素材。确保携带必要的采访工具，如录音设备、相机、笔记本等。这有助于记录采访过程中的关键信息，保证采访素材的完整性。提前确认采访的时间和地点，确保在预定时间内与采访对象进行充分的沟通和交流。准备充分可以使记者更加自信和专业地进行实地采访，提高采访的效率和质量。

4. 问询技巧

问询技巧是记者在实地采访中必备的重要技能，它涉及与采访对象的交流和引导，以获得更有深度的回答。以下是一些问询技巧：使用开放性问题鼓励采访对象进行更详细的陈述。这类问题通常以"什么""为什么""如何"等开放性词语开始，帮助采访对象自由表达观点和经历。在采访过程中，根据采访对象的回答追问关键问题，以获取更深层次的信息。这需要记者对采访对象的回答进行敏感的解读，并有能力深入挖掘。通过反问法，以一种更间接的方式引导采访对象表达观点。例如，使用"您认为这个问题是怎样的?"来引导对方主动描述。注意采访对象的非语言信号，如表情、姿势、语调等。这些信号可能透露出他们的情感状态或潜在的信息，有助于深入理解采访对象的内心感受。在提问时避免包含主观假设，以确保问题的客观中立性。尽量使用客观、中性的措辞，避免影响采访对象的回答。尊重采访对象的观点，展现出倾听的态度。这有助于建立信任关系，使采访对象更愿意分享更深层次的信息。适时的沉默可以给采访对象提供表达的空间，有时候在一个问题之后的短暂沉默可以引导对方补充更多细节。良好的问询技巧不仅有助于获取更丰富的信息，也有助于建立和谐的采访氛围，提高采访的效果和质量。

5. 记录方式

选择合适的记录方式是实地采访中需要谨慎考虑的一环。记者可以使用笔记本、平板电脑或其他便携设备进行文字记录。这是最常见的记录方式，有助于快速记下采访对象的回答、关键信息和自己的观察。使用录音设备或手机进行录音，有助于准确地记录下采访对象的语言表达，避免遗漏重要细节。但在使用录音设备时需要获得采访对象的同意。对于一些需要视觉展示的情境，记者可以使用摄像设备进行记录。摄像记录可以捕捉到采访对象的表情、动作等非语言信息，丰富报道的呈现形式。采用相机或手机进行拍照记录也是一种常见的方式。照片可以用于呈现采访对象的环境、事件现场等，增加报道的真实感。在实地采访中，记者也可以根据需要采用混合的记录方式，比如同时进行文字记录和录音，或者录音和摄像结合。这有助于多角度、多维度地呈现采访的内容。在选择记录方式时，记者需要考虑采访对象的接受程度、场景的特点以及后续整理和制作报道的需求。不同的记录方式各有优劣，取决于具体的采访环境和要传达的信息。

6. 尊重和隐私

尊重被采访者的隐私权是良好采访伦理的一部分。以下是一些尊重和保护隐私的原则：在采访开始前，向被采访者明确采访的目的、用途和可能的发布平台。这有助于被采访者了解信息，并增强透明度。在采访前，应获得被采访者的明确同意。告知采访的内容、时间、地点，以及是否会记录、录音或拍摄，确保被采访者了解并同意这些条件。避免询问或记录过于敏感的个人信息，尤其是与隐私密切相关的内容。在报道中要慎重处理可能侵犯隐私的细节。在报道中可以使用匿名或化名等方式，以保护被采访者的真实身份。这对于涉及敏感话题或需要保护个人隐私的情境尤为重要。如果采访涉及到个人居住地或私人场所，要谨慎选择采访时机和地点，以减少对被采访者生活的干扰。通过真诚、理解和耐心的沟通，建立与被采访者的信任关系。只有被采访者感受到记者的尊重和专业，才更有可能配合采访。在采访后，被采访者有权利要求对某些信息或整个采访进行撤回。记者应该尊重这种要求，除非有法律或伦理上的约束。通过遵循这些原则，记者可以在采访过程中更好地保护被采访者的隐私权，同时确保新闻报道的合法性和道德性。

7. 实时核查

实时核查是新闻报道中确保信息准确性的重要步骤。以下是一些实时核查的关键原则和方法：尽量通过多个独立的消息源来确认采访对象提供的信息。不依赖于单一消息源可以减少信息的误导和错误。如果采访对象提供了文件、照片或其他支持信息的证据，记者应该对这些证据进行仔细的核查和验证。在涉及专业领域的信息时，记者可以咨询相关专家或权威机构，以确保信息的准确性和可信度。如果可能，记者可以亲自前往与报道相关的地点进行实地考察。实地考察有助于确认现场情况和获取更全面的信息，确保事件或信息的时间线与其他已知的事实相符。时间线的不一致可能是信息错误的迹象，所以要利用公开记录和官方文件来核实信息。这些记录通常是可靠的来源，有助于确认事件的发生和相关细节。如果信息涉及社交媒体，记者可以通过查看多个社交媒体账户、对话和评论来验证信息的真实性。尽管要求及时报道，但记者不能在没有足够证据的情况下发布未经核实的信息，以防止速报错误。实时核查需要记者具备扎实的事实核查技能和冷静判断能力。这有助于确保新闻报道的准确性和可信度，同时避免在报道中引入错误或误导性的信息。

8.敏感问题处理

处理敏感问题是采访中需要特别注意的方面。在提问敏感问题之前，尽量了解采访对象的隐私底线。尊重他们的隐私权，避免触碰过于个人的问题。使用温和、客观的措辞提出敏感问题，避免采用过于直接或冲突的方式。这有助于创造一个开放的交流氛围。如果可能，采取逐步深入的方式，先询问一些相对中立和不那么敏感的问题，逐渐引导到更敏感的话题。给采访对象提供选择权，让他们决定是否回答某个问题。这有助于建立信任，同时尊重他们的自主权。在提问之前解释清楚问题的目的和意图，采访对象更有可能回答敏感问题，如果他们理解这对报道的真实性和公正性有重要意义。如果采访对象拒绝回答敏感问题，尊重他们的决定，不要强迫或过分追问。可以尝试在其他方面获取信息。在采访计划中考虑到采访对象可能拒绝回答某些问题的情况，制定备用计划，以确保采访的顺利进行。观察采访对象的身体语言，如果他们表现出不适或不愿意继续讨论某个问题，及时调整方向或停止相关话题。在采访中处理敏感问题需要记者具备敏锐的洞察力和沟通技巧，以平衡获取信息的需要和尊重采访对象的权益。

（二）调查和研究

调查和研究是新闻收集中不可或缺的环节。以下是深入调查和研究的一些步骤和注意事项：

1.明确研究问题

研究问题的明确性是深入调查的基础。如果研究问题不明确，可能导致信息的散乱和不相关。明确的研究问题帮助调查人员集中注意力在特定领域或主题上，而不会在广泛的信息中迷失方向。研究问题指导着需要什么样的信息来回答问题，从而在调查中明确信息的需求。有了清晰的研究问题，可以更迅速地确定采访对象、收集文献、进行数据分析等，提高调查的效率。研究问题是调查的动力和目标，确保调查工作有针对性、目的明确。在新闻报道中，明确研究问题通常涉及到确定新闻报道的主题、焦点和目的。这可以通过仔细思考新闻事件的核心问题、涉及的关键方面来实现。这种明确性有助于提高报道的深度和专业性。

2.查找文献

在学校或当地图书馆，可以使用图书馆的目录系统查找相关书籍。图书馆还可能提供在线数据库，包括学术期刊、专业杂志和书籍。一些在线图书馆，提供了大量免费的数字化书籍和文献。利用学术搜索引擎，可以更方便地找到相关的学术论文和研究报告。而一些专业领域的网站和组织可能提供了更为丰富的资源。这些资源可能包括研究报告、案例研究和其他相关文献。查看与研究问题相关的学者和研究人员的文献，可以通过引用他们的文献进一步扩展文献库。学术会议是学者交流研究成果的平台，会议论文可以提供最新的研究动态。查找相关学术会议并检索论文。阅读综述文章有助于了解某一领域的研究现状和主要观点。综述文章通常总结了大量的文献。在查找文献的过程中，要确保评估文献的可信度和权威性，选择那些由权威学者或机构发表的文献。同时，及时更新文献库，关注领域内的最新研究。

3. 采集数据

在进行数据采集之前，确保已经明确了研究的问题和目标。这将有助于确定需要收集的数据类型和范围。根据研究问题，确定需要采集的数据类型，例如定量数据（数字化的、可量化的数据）或定性数据（描述性的、非数字化的数据）。根据研究问题设计相应的数据采集工具，这可能包括问卷、调查表、访谈提纲等。确保工具能够准确地收集所需的信息。如果进行实地调查或问卷调查，确保选择一个具有代表性的样本。样本的选择应该反映研究问题的特定特征。如果研究需要实地调查或观察，确保有足够的时间和资源。在实地工作中，注意采集准确、全面的数据。如果使用问卷，确保问卷问题的表达清晰，能够得到具体、可量化的答案。进行问卷前的小规模测试可以帮助发现潜在问题。如果进行采访，确保采访者具有相关领域的专业知识。采访提纲应该涵盖所有关键问题，同时保持足够的灵活性。在数据采集过程中，确保采集到的数据得到妥善保护，特别是涉及个人隐私信息的情况下，遵循相关的隐私法规。确保在数据采集过程中进行详细的记录，包括数据的来源、采集时间等信息。整理数据时，保持数据的清晰性和一致性。在完成数据采集后，进行数据分析和解释。使用适当的统计或分析工具，得出结论，并将结果与研究问题联系起来。如果可能，向参与数据采集的人员提供反馈，并验证数据的准确性和可靠性。在整个数据采集过程中，要注意保持研究的透明性和可复制性，以便其他研究者能够理解和验证你的研究方法和结果。

4. 分析数据

数据分析是确保从数据中获得有意义的信息的关键步骤。在进行分析之前，确保数据是完整、准确，并且已经过清理的。清理过程可能包括处理缺失值、异常值和重复值等。根据研究问题和数据类型，选择适当的分析方法。这可能包括描述性统计、推论统计、因子分析等。使用图表和图形来可视化数据，这有助于更好地理解数据的分布和趋势。常用的可视化工具包括柱状图、折线图、散点图等。如果研究问题需要预测或建立关联，可以考虑使用统计模型。这可能包括线性回归、逻辑回归等。在报告数据分析结果时，确保以简洁而清晰的方式解释发现。使用非专业人士也能理解的术语，将结果与研究问题联系起来。如果使用了统计测试，确保了解结果的统计显著性。这有助于确定结果是否是真实可信的。不仅要报告结果，还要讨论这些结果可能对研究问题和领域产生的潜在影响。在分析过程中，探索数据的多样性，看看是否存在亚组之间的差异，这可能为更深入的理解提供线索。如果可能，进行敏感性分析，检查结果对于不同假设或参数的敏感性。这有助于确定结论的稳健性。如果有其他研究或数据可用，尝试进行对比和验证。这可以增强研究的可靠性。在报告结果时，诚实地讨论研究的限制。这有助于其他人理解研究的局限性。保留原始数据的备份，以备将来的复查或验证。最终，数据分析是一个动态的过程，要灵活应对并根据发现不断调整分析方法。

5. 多方面观点

尽可能采访不同的人，包括专家、目击者、当事人、政府官员等。他们可能会提供不同的角度和信息。在报道争议性或复杂的问题时，了解不同人群的立场和观点。这可以通过采访代表不同立场的人或组织来实现。在采访和报道过程中，注意避免自己的偏见影响报道。尽量保持中立和客观，不偏袒任何一方。如果采访中的某些消息源要求匿名，确保这是保证其安全或提供真实信息的唯一途径。在使用匿名消息源时，要谨慎权衡透明度和保护消息源的需要。了解与报道的主题相关的独立研究和报告。这些可以提供客观的、经过验证的信息，有助于支持或补充报道。社交媒体是获取公众观点的有力工具。了解社交媒体上的讨论，探索公众的不同反应和观点。采访相关领域的专家，了解他们的专业意见。专业评论有助于深入理解问题，并为报道提供权威性。有时，公共听证会和会议是公众表达观点的平台。参与这些活动，听取不同观点。如果可能，直接采访与事件相关的当事人，以获得他们的观点和经历。利用在线调查工具，收集公众的观点。这可以为报道提供大众的声音。查阅历史资料，了解事件或主题的演变过程，以获得更深入的理解。如果事件或问题具有国际影响，查阅国际媒体的报道，了解国际社会的观点。

6. 核实信息

确保信息来自多个独立的、可信赖的来源。如果有不同的消息源都提供了相似的信息，那么信息的可信度就更高。如果可能，直接采访与事件相关的当事人，了解他们的观点和经历。直接从当事人口中获取信息有助于避免信息在传播过程中被曲解。官方文件和公报通常提供了权威性的信息。查阅政府声明、报告、公告等，以获取事实基础。如果报道涉及专业领域，核实专家的意见和评论。专业观点的验证可以增加报道的权威性。检查历史记录和以前的报道，看是否有类似的事件或情况。这有助于了解事件的背景和发展。通过交叉验证信息，确保不同来源提供的信息相互一致。如果报道涉及研究或统计数据，查阅相关的专业数据库以验证数据的准确性。确保在报道中清楚区分事实陈述和评论。事实应该是可以核实的，而评论是基于个人观点的。在社交媒体上查看相关信息，但要注意社交媒体上的信息可能不经过核实。只有在有其他可靠来源支持的情况下，才能使用社交媒体上的信息。对消息源进行评估，确保它们是可信赖的。了解消息源的声誉和专业性。如果有疑问，尝试联系权威机构或专业人士以获取确认或进一步解释。如果在报道中使用了错误的信息，及时更正并向读者说明。透明度对于建立信任至关重要。通过严谨的核实过程，你可以提供准确、可信的新闻报道，增强读者对你报道的信任。

7. 保护信息来源

在一些情况下，保护信息来源的最有效方法是让其保持匿名。确保理解匿名来源的动机，并在报道中说明这一决定是出于何种原因。在报道中避免提供过于具体的信息，特别是可能导致信息源被识别的信息。使用泛化的描述，而不是特定的地点、时间或其他识别信息。如果可能，使用代号或编号来替代真实的身份。这可以有效地保护信息来源的身份，同时确保报道的准确性。在使用信息之前，与信息来源协商并确保他们同意在报道中使用的方式。理解他们的担忧和限制，并尊重他们的意愿。在图像或文件中数字隐去或修改可能导致信息来源被识别的部分。确保不会在报道中揭露可能导致危险的细节。如果需要与信息来源进行通信，确保采取安全措施，如使用加密通信工具。确保任何电子邮件或消息传递都是安全的。在涉及敏感信息时，寻求法律意见是明智的。法律专业人士可以提供关于如何保护信息来源的建议，并确保你的报道不会违反法律。尽量减少在互联网上留下信息来源的数字足迹。了解信息来源的数字安全意识，以确保他们不受到不必要的追踪。如果保存了与信息来源相关的任何文件或数据，确保以安全的方式存储。使用加密存储，限制访问权限。向信息来源解释保护措施，并告知他们的目标是确保他们的安全和隐私。通过采取这些措施，可以有效地保护信息来源，并在报道中保持透明度和道义责任。

8. 时效性考虑

时效性在研究和调查中是一个至关重要的考虑因素。特别是在处理新闻报道这样的主题时，及时性对于保持信息的实用性和价值至关重要。在有限的时间内完成必要的研究工作，可以通过以下方式实现：在研究初期明确清晰的研究目标和问题，避免涉及过于庞大或复杂的主题，有助于在有限时间内完成研究。制定详细的研究计划，明确每个阶段的时间框架。这有助于分配时间、合理安排研究步骤，确保在规定时间内完成关键任务。将注意力集中在最关键、最重要的信息上。这有助于确保在有限的时间内，获取到对研究最为重要的数据和见解。使用现代技术工具，如搜索引擎、数据库和分析软件，可以更迅速地获取和处理大量信息，提高研究效率。借鉴先前类似研究的结果和方法，可以加速研究过程。这不仅有助于减轻工作负担，还可以从前人的经验中汲取教训。时效性考虑也包括对计划的灵活应对。有时新的信息或突发事件可能会影响研究的方向，需要及时调整研究策略。通过以上方式，可以在有限的时间内高效完成研究工作，确保研究结果的时效性。

9. 合作与专业建议

合作并寻求专业建议是在调查和报道中提升质量的关键步骤。专家在其领域通常拥有扎实的专业知识和丰富的经验，能够提供对问题更深入、更全面的理解。专家的观点和建议可以为报道增添权威性和可信度。这对于新闻报道来说是至关重要的，尤其是涉及到复杂或专业性较强的主题。专家可以为研究过程提供指导和建议，帮助解决可能出现的问题，确保研究方法和结果的准确性。专家通常有着广泛的资源和专业网络，可以帮助记者获取更多的信息、数据或者联系其他相关专业人士。专家的深度洞察力和理解力可以帮助记者挖掘出更为深层次的故事，使报道更加丰富和引人入胜。在专业领域，有专业知识的指导可以帮助记者避免因对事实的误解或错误理解而产生的报道错误。在与专家合作时，记者应该保持开放的沟通渠道，积极倾听专家的建议，并在报道中准确反映专家的观点。这样的合作不仅有助于提高报道的质量，还能够建立起记者与专业领域专家之间的良好合作关系。

10. 持续学习

持续学习是在新闻领域保持竞争力和专业素养的关键。新闻行业处于不断变化的环境中，技术、社会和政治等方面的变革都可能影响报道的方式和质量。以下是为保持专业素养而进行持续学习的几个重要方面：了解和掌握新的数字工具、数据分析技术以及社交媒体的运用方法，有助于提高报道的多样性和吸引力。不断拓展知识边界，涉猎新的领域和主题。这可以帮助记者更全面地理解新闻事件，提供更深入的报道。参与行业内的培训和研讨会，与同行交流经验，了解最新的行业趋势和最佳实践。定期阅读关于新闻学、调查方法和其他相关领域的专业文献和书籍，提高自己的理论水平和实践技能。在社交媒体或专业网络上参与相关领域的讨论，分享经验、学习他人的最佳实践。寻求或建立导师关系，从经验丰富的同行中获取指导和建议，加速自己的成长。考虑参与相关领域的学术进修，例如新闻学或调查报告的研究生课程，以提高理论水平和专业素养。持续学习不仅有助于适应行业变革，还能够提高对新闻事件和社会问题的理解，使记者能够更全面、准确地报道新闻。这种不断进取的态度是在竞争激烈的新闻领域中立足的重要因素。通过深入调查和研究，记者能够为新闻报道提供更深层次、更全面的信息支持，提高、增加报道的质量和深度。

（三）社交媒体和网络

社交媒体和网络在新闻行业中的角色变得越来越关键。记者通过监测社交媒体和在线平台，能够实时获取社会舆论和事件信息。以下是这一趋势的几个方面：

1. 实时新闻报道

社交媒体在实时新闻报道中扮演着至关重要的角色。以下是社交媒体在实时新闻报道中的一些关键作用：社交媒体是信息迅速传播的平台，用户可以在第一时间分享和传递消息。记者通过关注热门话题和事件标签，能够在事件发生的当下获取相关信息。用户在社交媒体上分享的图片、视频和文字描述，可以帮助记者还原事件现场，进行更生动、真实的实况报道。社交媒体上的用户评论和互动反映了公众的意见和情绪。记者通过监测这些反馈，能够进行舆论分析，了解社会对事件的态度和看法。用户在社交媒体上分享个人经历和见闻，可能包含独特的新闻线索。记者通过挖掘这些线索，发现潜在的报道素材。记者可以通过社交媒体与受众进行即时互动，回应他们的关切和提问。这种互动有助于建立更紧密的新闻社群。在紧急事件发生时，社交媒体成为政府、救援机构和个人发布紧急通知的途径。记者可以通过这些通知获取最新的紧急事件信息。然而，需要注意的是，社交媒体信息的真实性和可信度可能受到影响，因此记者在将社交媒体作为新闻来源时需要谨慎验证信息。综合使用社交媒体和传统新闻采访方法，可以为实时新闻报道提供更全面、多角度的信息。

2. 舆情监测

社交媒体提供了一个独特的视角，使记者能够更好地了解和监测公众的意见和情绪。社交媒体是公众表达意见和情感的主要渠道之一。通过监测社交媒体上的讨论，记者可以了解公众对于特定话题或事件的参与度和关注程度。用户在社交媒体上发布的评论和反馈可以用于进行情感分析。记者可以了解公众对于事件的态度，这对于深入报道提供了更多维度的信息。社交媒体上的热门话题和讨论趋势反映了社会舆论的走向。记者通过监测这些趋势，可以预测事件的可能发展方向，提前了解可能出现的新闻线索。社交媒体上的用户评论和讨论提供了更深入的报道背景。记者可以通过这些意见和观点挖掘出更多故事内涵，为报道增加深度和广度。社交媒体上的热门话题反映了公众关心的焦点。通过了解这些关切点，记者可以选择更有针对性的报道方向，更好地服务受众。在危机事件发生时，社交媒体是公众迅速表达意见的平台。记者可以通过监测社交媒体上的反馈，及时了解和反映公众对危机的看法，有助于进行危机管理和舆情引导。通过充分利用社交媒体进行舆情监测，记者可以更全面、及时地把握社会动态，为新闻报道提供更深入的分析和更丰富的故事元素。同时，要谨记社交媒体信息的多样性和主观性，进行适度的信息筛选和验证。

3. 线索挖掘

社交媒体成为了记者挖掘新闻线索的重要渠道。社交媒体上用户常常分享自己的个人经历、见闻和观点。这些个体经历可能包含独特的、与众不同的元素，是记者挖掘新闻线索的宝贵资源。社交媒体是实时信息传播的平台，用户可以即时分享身边发生的事件。这有助于记者迅速获取实时新闻线索，尤其是在一些突发事件发生时。通过监测社交媒体上的热门话题，记者可以了解公众当前的关注点。这有助于发现与社会热点相关的新闻线索，提高报道的关注度。用户在社交媒体上表达的意见和观点可能涉及一些争议性的话题，这些争议点可能是潜在的新闻线索。记者可以深入挖掘这些意见背后的故事。通过分析社交媒体上的社交网络，记者可以了解到人际关系、社交圈子中的一些关键人物或事件，从而发现潜在的新闻线索。社交媒体上的用户互动和讨论可以揭示出公众的反应和看法。这对于发现公众关心的问题，挖掘新闻线索至关重要。通过这些方式，记者能够更全面地了解社会动态，找到新的报道方向，并将这些线索转化为深入、独家的新闻报道。然而，记者在线索挖掘中也需要注意信息的真实性和可信度，进行核实和验证。

4. 互动与反馈

社交媒体为记者提供了一个直接与受众互动的平台，这对于建立更紧密的新闻生态系统和加强记者与受众之间的联系具有重要作用。以下是在互动与反馈方面的几个关键点：社交媒体上的互动是实时的，记者可以迅速获取受众对于报道的反馈和意见。这有助于记者更及时地了解受众的期望和需求。记者可以通过社交媒体平台直接与受众进行问答互动。这种形式能够解答受众的疑问，提供更多信息，并促使其进行更深入的思考。社交媒体上的话题讨论是一个有益的方式，可以了解到受众对于某一话题的不同观点。记者可以通过社交媒体组织投票和调查，直接了解受众在某个问题上的看法。这为记者提供了有关受众态度的量化数据。记者可以在社交媒体上分享新闻报道的制作过程，包括幕后花絮、采访经过等。这种分享增强了透明度，使受众更深入地了解新闻制作的内情。通过社交媒体，记者可以建立专属的受众社群。这种社群可以成为一个积极互动的空间，有助于持续的新闻讨论和互动。互动与反馈使得记者不再是单向的信息传递者，而是能够与受众建立起双向沟通的关系。这种交流有助于增强受众对于新闻机构和记者的信任感，建立更加紧密的新闻社区。

5. 多媒体报道

社交媒体的多媒体特性为记者提供了更为生动、直观的报道方式，以下是这方面的一些关键点：图片能够传达信息，引起观众的共鸣。记者可以通过发布新闻图片来更生动地展现新闻事件的现场，让受众更好地理解故事。社交媒体上的视频功能允许记者制作和分享短视频、纪录片等。这种形式可以通过视觉和声音更全面地呈现新闻故事，提升报道的吸引力。利用社交媒体平台的直播功能，记者可以实时将事件现场呈现给观众。这样的实时互动有助于受众更加身临其境地体验新闻。通过社交媒体分享音频，如采访录音、音频评论等，记者可以通过听觉方式传递信息，提供更为丰富的报道体验。利用社交媒体的图表和图形功能，记者可以将数据可视化，更清晰地传达复杂信息，提高报道的可理解性。社交媒体上用户的图片和视频分享可以成为丰富报道内容的来源。记者可以征集用户生成的内容，以呈现更广泛的视角。通过多媒体报道，记者能够更好地吸引受众的注意力，传递更深入、生动的故事，提高报道的影响力。这也符合现代受众对于信息呈现方式的多样化需求，使新闻更具有互动性和吸引力。

6. 信息验证

社交媒体虽然提供了丰富的信息来源，但其中的信息可信度各异，因此记者在利用社交媒体作为新闻来源时需要特别谨慎。尽可能从多个独立的来源核实同一信息。如果多个独立的来源都提供了相似的信息，那么这个信息的可信度可能较高。查明信息发布者的身份和信誉。认证用户（如蓝勾认证）通常更可靠，但也需要注意有可能伪造认证。查看信息发布的时间戳，确保信息是最新的。有时过时的信息可能已经失效或不再准确。对于信息的来源进行评估，关注那些具有良好信誉的媒体或知名组织发布的信息。尝试查找其他证据或支持信息，以验证社交媒体上的信息。这可以包括图片、视频、其他用户的评论等。使用搜索引擎进行逆向搜索，以查找该信息是否出现在其他独立的新闻网站或可信渠道上。注意信息的语言风格和表达方式。虚假信息可能使用夸张、情感化的语言，而真实的报道通常更加客观。寻求专业意见，尤其是涉及专业领域的信息。专家的意见可以帮助验证特定主题的真实性。通过采用这些验证策略，记者可以在利用社交媒体信息时保持较高的新闻报道准确性和可信度。这对于建立受众对于新闻机构和记者的信任至关重要。在利用社交媒体和网络时，记者需要保持专业操守，注意信息的来源和可信度。同时，了解社交媒体的运作规律，善于筛选信息，避免受到虚假信息的影响。

（四）新闻稿件和通稿

新闻稿件和通稿是新闻报道中的重要资源，但记者在利用这些稿件时需要保持谨慎，并遵循一些关键原则：

1. 信息验证

信息验证是新闻报道中至关重要的一环，尤其是在使用其他媒体或通讯社的稿件时。对于稿件中的关键事实和数据，记者应该进行独立的核实。这可以通过多方渠道获取信息，确保报道的准确性。对稿件的来源进行审查，确保提供稿件的媒体或通讯社具有良好的声誉和可信度。可信度高的媒体提供的信息更有可能是准确的。寻找多个独立证据不仅仅依赖于一家媒体的报道，而是寻找多个独立的证据来支持相同的信息。多方核实有助于排除错误或不准确的情况。如果可能，记者可以直接联系与报道相关的当事人，以获取直接的回应和证实。这有助于确保报道的全面性和准确性。如果稿件附带有图片、视频或其他相关材料，记者应该审查这些材料，以确定其真实性和准确性。了解提供稿件的新闻机构的编辑流程和质量控制机制。一些新闻机构可能有严格的编辑流程，有助于提高报道的准确性。意识到不同媒体可能存在对于政治或意识形态的不同看法，对报道进行评估时要考虑这一点。信息验证是确保新闻报道可信度的关键步骤。通过严格的信息验证流程，记者可以提供更为准确和可信的新闻，维护新闻行业的专业标准。

2. 多渠道核实

多渠道核实是确保新闻报道准确性的一种重要策略。通过从不同的独立渠道获取信息，记者可以降低出现错误和误导性信息的风险，提高报道的可信度。查看并比较不同媒体对同一事件或话题的报道。不同媒体可能会强调不同的方面，但通过比对，可以获取更全面的信息。寻找相关事件的官方声明或公告。政府机构、公司或组织通常会发布官方声明，这些声明提供了权威的信息来源。向领域内的专家咨询，获取他们的观点和分析。专业观点可以为报道提供深度和专业性。如果事件涉及目击者，尽量收集多个目击者的证词。这有助于建立更全面的事件还原。在谨慎使用的前提下，社交媒体也可以作为一个渠道。查看不同用户的观点和反馈，但要注意社交媒体上信息的真实性。查阅相关学术研究或报告，特别是在涉及科学、医学等领域的报道中。学术研究通常经过严格的同行评审。如果报道涉及数据，尽量获取来自不同数据源的信息。验证数据的来源和准确性是关键。如果报道涉及国际事务，查看国际媒体的报道，获取不同国家和文化的视角。通过使用多渠道核实的方法，记者可以建立更全面、准确的报道，同时降低因信息错误或误导性信息而引起的问题。这有助于提供更可信赖的新闻内容。

3. 审查来源可信度

审查来源的可信度和声誉对于确保新闻报道的准确性和可信度至关重要。查看提供稿件的媒体或通讯社的声誉。有些媒体机构因其严肃的新闻报道和专业的编辑标准而享有良好声誉。某些媒体可能有一定的政治或意识形态倾向，而这可能影响其报道的客观性。了解提供稿件的媒体的编辑政策。一些媒体可能有严格的事实核查和编辑流程，这有助于确保报道的准确性。对于在线平台，查看用户的认证状态。一些社交媒体平台提供蓝勾认证，表示该用户身份已得到认证。查看媒体过去的报道记录。如果媒体在过去有严重的错误或不准确的报道，这可能是一个警告信号。了解媒体或通讯社的所有权结构。一些媒体机构可能受到政治或商业利益的影响，这可能影响其报道的客观性。查看其他人对该媒体的评价。社交媒体、评论和独立的新闻评价机构可能提供有关媒体可信度的信息。在使用社交媒体或博客等非传统媒体时要更加谨慎，因为这些平台的可信度和编辑标准可能不如传统媒体高。通过审查来源的可信度，记者可以更好地了解信息的背景，并在报道中使用可靠的来源，提高报道的可信度和质量。这是维护新闻行业专业标准的关键步骤。

4. 重写和编辑

重写和编辑是确保新闻报道符合记者自身风格和标准的关键步骤。每个新闻机构或记者都有其独特的新闻风格和写作标准。记者应该确保稿件的风格与其所在媒体的风格一致，使报道更符合读者的期望。在编辑稿件时，记者应该强调关键信息。确保重要的事实和数据在报道中得到突出，以提高报道的信息密度和吸引力。记者应该在编辑过程中确保报道的客观性，避免在报道中加入个人意见或倾向性的语言，保持报道的客观性和中立性。确保文章表达清晰明了，避免使用模糊或歧义的语言，以防读者产生误解。简洁明了的表达有助于提高报道的可理解性。在编辑过程中保持一致性，包括用词、时态和格式，一致性有助于提高报道的专业度和可读性。在必要时，记者可以添加一些背景信息，以确保读者对事件或话题有更全面的了解，这有助于提供更深入的报道。在编辑稿件时，记者应该再次检查事实的准确性。确保所有陈述都有可信的来源支持，并排除可能存在的错误。编辑过程中要遵循新闻行业的伦理准则，确保报道的真实性、公正性和负责任的报道。通过重写和编辑，记者可以将其他媒体的稿件融入自己的报道风格中，同时确保新闻内容的准确性、客观性和一致性。这有助于提供更具专业性和可信度的新闻报道。

5. 引用规范

引用规范对于新闻报道的透明度和道德性非常重要。在报道中明确标注引用内容的来源，指明其他媒体的名称、作者、文章标题等信息，以便读者了解信息的来源。如果可能，引用时还应标注其他媒体报道的发布日期，这有助于读者了解信息的时效性和背景。将直接引用的内容放置在引号中，以明确这是其他媒体的原文。这有助于防止误导读者，使其知道这部分内容是引用而非记者原创。在可能的情况下，提供其他媒体报道的原文链接。这样读者可以直接访问原文，了解更多详细信息。遵循新闻行业的引用规范，确保引用内容的使用符合道德和法律标准。避免未经授权的大量引用，以及避免过度依赖其他媒体的引用，确保引用内容与报道的整体平衡一致。如果其他媒体的报道有修改或删减，记者应该诚实地声明这一点，避免通过引用的方式误导读者。对于其他媒体已经广泛报道的非原创信息，记者应该谨慎使用，并在可能的情况下通过独立的报道或补充信息增添价值。通过遵循引用规范，记者可以保持报道的透明度、可信度和道德性。这有助于建立信任，使读者能够准确了解信息的来源和背景。

6. 保留独立判断

保留独立的新闻判断和立场是维护记者专业性和报道独特性的关键。以下是一些建议，确保即便使用了其他媒体的稿件，记者仍能保持独立性：进一步挖掘报道中涉及的信息，添加更多深度和细节。通过独立的调查和采访，为报道提供更全面的视角。补充报道中可能缺失的背景信息，以确保读者对事件或话题有更全面的了解，这有助于提供更深刻的报道。在报道中加入独家的观点、评论或分析，使报道更具独创性。这有助于区分报道，使其不仅是对事实的再现，还包含了记者的独立思考。寻找独特的视角或故事元素，使报道在大量相似报道中脱颖而出。独特的视角可以吸引读者的兴趣。如果其他媒体主要集中在某个方面，记者可以考虑从不同的层面或维度进行报道，以增加报道的多样性。避免过分受其他媒体的情感影响。确保报道的客观性，即便在表达观点时也要保持平衡。补充报道中可能缺失的细节，以确保读者获得更全面的信息。这可以包括额外的采访、调查结果等。在引用其他媒体的内容时，审慎选择内容，确保引用的信息对报道有实质性的贡献。通过保留独立的新闻判断和立场，记者可以为报道添加价值，使其更加独特、深刻，并满足读者对于深度报道和独特视角的需求。

7. 法律和伦理准则

遵循法律和伦理准则是新闻行业的基本要求，特别是在使用其他媒体的稿件时。确保使用其他媒体的稿件时遵循版权法规，获取适当的授权或确保使用符合版权法规的材料。在引用其他媒体的报道时，确保引述准确无误，避免歪曲引用，以维护信息的真实性。使用适当的引文标注和出处，以明确引用内容的来源，这有助于保持透明度和信任度。避免将其他媒体的报道内容用于误导或不当引用的目的。确保引用的内容符合新闻报道的整体脉络。尊重他人的隐私权，特别是当使用其他媒体的照片、视频或个人信息时。确保获得适当的授权或权威许可。当使用其他媒体的敏感信息时，谨慎处理，以遵守法律规定和伦理准则，防止对相关当事人造成不当的影响。遵循新闻行业的伦理规范，确保报道的公正、客观，远离不道德的行为。记者应该具备基本的法律意识，了解新闻报道中可能涉及的法律风险，保持合法合规的行为。在使用其他媒体的报道时，确保信息来源是可靠的、有权威性的。避免使用来自未经验证的或可疑来源的信息。遵循这些法律和伦理准则有助于建立可信赖的新闻报道，确保记者和媒体机构的声誉不受损害。这也有助于维护公众对新闻行业的信任。

利用其他媒体或通讯社的稿件是一种常见的新闻业务实践，但记者必须保持对新闻报道质量和可信度的高标准。这有助于确保新闻报道的准确性和完整性，同时维护记者和新闻机构的声誉。

二、素材筛选

（一）验证信息

验证信息是新闻报道过程中至关重要的步骤。确保报道的真实性和准确性有助于维护记者和新闻机构的专业声誉。以下是一些关于验证信息的实践建议：

1. 多方确认

多方确认是新闻报道中的重要原则，有助于提高信息的可靠性和准确性。避免过度依赖单一消息来源。通过从多个独立的、互相不相关的来源获取信息，可以减轻单一来源可能存在的偏见或错误。确保不同来源提供的信息是一致的，如果存在不一致之处，进一步调查并找出真相，确保报道的准确性。对信息来源的权威性进行评估。一些机构或专业人士可能更有资格提供可信的信息。如果可能，通过多个渠道验证事件发生地点。这有助于确认报道中涉及的地理信息的准确性。确保所有消息来源都是可信赖的。一些新闻机构、专业组织或官方渠道可能更可信。通过多个独立的事实核查工具或方法，验证关键事实和数据，确保信息的真实性。如果报道涉及专业领域，与相关专业人士沟通，获取专业的观点和解释。注意信息的时效性。有些信息可能随时间变化，及时确认信息的最新性。查看不同媒体对于同一事件或话题的报道，以获得不同的角度和信息。建立与可信赖的消息来源和专业人士的长期合作关系，有助于获得更可靠的信息。通过多方确认，记者可以提高报道的可信度，降低错误的可能性，并为读者提供更全面、准确的新闻信息。这是确保新闻报道质量的关键步骤。

2. 核实消息来源

对消息来源进行仔细核实是确保新闻报道准确性和可信度的基本步骤。对提供信息的人或机构进行深入了解。查看其历史、专业背景、经验等方面的信息，以评估其提供信息的可信度。评估消息来源的声誉。有些机构或个人因其专业性、独立性或严格的报道标准而享有良好声誉。查看消息来源过去的报道记录。如果他们在过去有准确、可信的报道经验，这增加了当前报道的可信度。确保消息来源具备资格提供相关信息。例如，涉及专业领域的信息时，确认来源是否具有相关的专业资格。官方渠道通常具有更高的权威性。在可能的情况下，尽量获取来自政府、组织或公司官方的声明或信息。通过与其他独立的信息来源核实消息来源提供的信息，以确保信息的一致性和准确性。如果可能，直接采访消息来源，以获取更多细节和背景信息，这有助于建立更深入的了解。匿名消息来源可能存在潜在的可信度问题。谨慎对待匿名消息，并尽量确认消息的真实性。如果消息来源涉及社交媒体，验证其社交媒体账号是否经过认证，以确保身份的真实性。了解消息来源可能存在的利益冲突。某些情况下，消息来源的利益关系可能影响其提供的信息。通过对消息来源进行仔细核实，记者可以确保报道的信息来自可信赖的渠道，提高报道的准确性和可信度。这是维护新闻专业性和公信力的重要步骤。

3. 检查官方声明

检查官方声明是确保新闻报道准确性和权威性的有效方法。以下是一些建议，有助于在报道中寻找和利用官方声明：官方政府声明通常提供与国家或地区重要事务相关的权威信息。查看政府网站、新闻发布会记录或相关政府机构的声明。组织、非营利机构或国际组织发布的声明也是重要的信息来源。这些声明可以涵盖社会、环境、健康等各个领域。在商业报道中，公司发布的官方声明对于了解业务决策、财务状况和战略方向至关重要。查阅公司网站或新闻中心以获取官方声明。在涉及刑事事件或社会安全问题时，警方发布的官方声明是权威的消息来源。这些声明通常提供了事件的官方描述和警方采取的措施。如果报道涉及跨国或全球性事件，国际组织的官方声明可能会提供全球层面的视角。确保获得的官方声明来自正式渠道。政府、组织或公司的官方网站、社交媒体账号等是可信的消息来源。定期关注与报道相关的新闻发布会。这是获取即时官方立场和回应的一种途径。对于一些组织或机构，会议纪要也可能包含官方的决策或声明，这可以是了解内部立场的途径。注意官方声明的发布日期。确保使用最新的官方声明，以反映最新的信息和立场。官方声明通常使用正式、权威的言辞。审查文本时注意言辞的选择，以确保准确理解官方立场。通过检查官方声明，记者可以获取权威、官方的信息来源，有助于提高报道的权威性和准确性。这是构建可信新闻报道的关键步骤。

4. 与目击者沟通

与目击者直接沟通是获取第一手资料和深入了解事件真相的重要途径。以下是一些建议，帮助记者有效地与目击者沟通：在接触目击者时，尊重他们的隐私权。确保采访过程中不侵犯他们的个人隐私。在交流中建立信任关系。解释采访的目的，并表明报道将尊重事实和客观性。透明度有助于建立互信关系。使用开放性问题，鼓励目击者分享他们的经历和观点。避免引导性问题，让目击者自由表达。目击者的记忆可能是不稳定的，避免在询问时使用引导性语言，以免影响他们的回忆。一些事件可能会导致目击者产生情感反应。了解他们的情感状态，表达同情和理解。如果可能，与多个目击者进行沟通，以获得不同角度和视角的信息。这有助于构建更全面的报道。征得目击者同意后，使用录音设备或笔记记录采访过程，确保在报道中准确引述他们的言辞。如果目击者来自不同的文化背景，考虑文化差异可能对他们的回答产生影响，尊重并理解这些差异。在采访结束时，提供记者的联系方式，以便目击者在有需要时进一步联系或提供额外信息。与目击者直接沟通有助于提供生动、真实的描述，增加报道的深度和情感。然而，记者需要谨慎处理，确保采访过程中尊重目击者的感受和隐私。

5. 查阅文献和研究

查阅文献和研究是丰富报道内容、获取深入背景和专业观点的重要途径。以下是一些建议，有助于记者有效地利用学术文献和研究：图书馆和学术数据库是获取学术文献和研究的重要资源。访问这些资源，查找与报道主题相关的文献。利用学术搜索引擎，搜索与报道主题相关的学术文章和研究报告。学术期刊和专业杂志通常包含对特定领域的深入研究。查阅这些刊物，获取最新的专业观点。注意研究的方法论。了解研究是如何进行的，对研究的方法进行分析，以评估其科学性和可靠性。一些权威机构和研究机构发布的研究报告具有高度的可信度。关注这些机构的官方网站，获取相关研究。学术会议通常是专业领域的交流平台，会议论文提供了一些前沿的研究成果。寻找专业领域的专家和学者的观点。他们的评论和分析可以为报道提供深度和权威性。文献综述提供了对特定主题的广泛文献的概述。阅读文献综述，了解当前研究的进展和趋势。政府部门发布的报告和研究也是重要的信息来源。这些报告通常提供有关社会、经济和科技等方面的深入分析。与相关领域的专业组织联系，了解他们可能提供的研究和观点。通过查阅文献和研究，记者可以为报道提供更深入的背景和专业观点，提高报道的深度和可信度。这也有助于将报道置于更广泛的社会和学术背景中。

6. 验证数字和数据

验证数字和数据的可靠性是保证新闻报道准确性的关键一步。以下是一些验证数字和数据的方法：确保数据来自可靠的来源，如政府机构、学术研究机构、行业协会等。这些机构通常会建立信誉和数据质量标准。查看数据的研究方法和调查样本，了解数据是如何收集的，样本的大小和代表性。合理的研究方法可以提高数据的可信度。将报告中的数据与其他相关的数据进行对比，如果不同的数据来源和研究都得出类似的结果，那么数据的可信度更高。理解数据的统计误差和置信水平。一些调查可能存在一定的误差范围，了解这些范围有助于更准确地解释数据。寻求领域内专家对数据的评论。专家的观点和解释可以提供对数据更深层次的理解，也有助于确认数据的合理性。如果可能，查看相关主题的历史数据。了解数据的趋势和历史变化，有助于判断当前数据是否合理。数据可能随时间而变化，确保使用最新的数据。同时，注意数据发布日期对于解释当前情况的重要性。确保数据使用的单位和度量标准是一致的，混淆单位可能导致对数据的误解。考虑数据的发布者是否有潜在的偏见。了解发布者的立场和背景可以帮助你更全面地理解数据。通过采用这些方法，可以更全面、准确地验证数字和数据，确保报道的真实性和可信度。

7.注意时间戳

时间戳对于社交媒体和在线平台上的信息至关重要。以下是一些关于时间戳的注意事项：确保引用的信息是最新的。在社交媒体上，事实和情况可能在短时间内发生变化，因此及时性是关键。时间戳可以避免使用已经过时的信息。某些信息可能在过去是准确的，但随着时间的推移可能不再具有实用性。特别是在涉及紧急事件或突发新闻时，确保查看事件发生的确切时间。这有助于理解事件的时序和背景。如果有时间戳，可以更容易地识别信息的变化。有时人们可能会在评论或发帖后修改或删除信息，时间戳可以帮助你追踪这些变化。如果信息涉及国际事务或全球事件，注意不同地区的时差。这有助于理解事件发生的先后顺序。了解社交媒体平台的算法，因为它们可能根据用户的浏览历史和偏好显示内容。时间戳有助于你理解信息是如何显示给用户的。有些平台会显示信息的发布时间和修改时间。如果有修改，查看修改时间可以帮助你了解原始信息和修改后的内容。总体来说，时间戳是在处理社交媒体和在线信息时确保准确性和时效性的一个重要工具。

8. 谨慎使用社交媒体

社交媒体是获取实时信息的重要途径，但也需要谨慎使用。在社交媒体上看到的信息可能来自各种来源，包括个人账户、新闻机构、专业组织等。确保你关注并引用可信的来源。如果可能，尝试从多个角度获取信息。不同的人和组织可能对同一事件有不同的看法，了解多方观点有助于形成更全面的理解。社交媒体上常常传播虚假信息和谣言。在引用社交媒体上的信息时，尽量确保信息经过验证，并可以在其他可信渠道上找到相应的支持。关注那些来自专业记者、新闻机构或专业组织的账号，这些账号通常更有可能提供准确和可信的信息。在信息得到证实之前，避免通过社交媒体传播未经验证的信息。这有助于防止虚假信息的传播。用户生成的内容可能包含有用的信息，但也可能存在误导性。审慎评估这些内容，不轻易引用未经验证的信息。通过谨慎使用社交媒体，可以更好地平衡实时性和准确性，确保报道是可靠和可信的。

9. 审慎对待匿名消息

匿名消息可能难以核实，记者在报道时应该格外审慎。如果可能，避免过度依赖匿名消息。除非消息的重要性不容忽视，否则最好寻找其他有实名来源的信息。通过多个独立的来源验证相同的信息，可以增加信息的可信度。尽管消息来源匿名，但了解匿名来源的信誉和可靠性是重要的。一些匿名消息可能来自于知情人士，而另一些可能是无根据的猜测。如果必须使用匿名消息，记者应该在报道中表明消息的匿名来源，并解释为何使用匿名消息。这样可以向读者传达透明度，并让他们自行判断消息的可信度。在使用匿名消息时，要谨慎表达，留有余地，避免过于断言。使用类似"据匿名消息称"或"尚未得到证实"的表述，让读者明白消息的不确定性。处理匿名消息需要谨慎和审慎，以确保报道的准确性和可信度。通过认真执行这些验证步骤，记者可以确保报道的信息是准确的、可信的，并能够提供公众对于事件或话题的真实了解。

（二）初步编辑

1. 梳理信息结构

仔细阅读所选用的素材。了解事件的发展脉络，识别其中的关键事件、人物和信息。分析素材的时候要注重事件的发生时间、地点以及相关的参与方，确保获得全面的信息。根据分析的结果，选择一个合适的组织方式。如果是一个时间序列的事件，可以按照时间线进行组织，以呈现事情的发展过程。如果涉及多个相关主题，可以按照主题进行组织，使每个主题都有自己的篇幅，阐述清晰。在组织结构时，要确保信息的逻辑顺序。信息的呈现应该是有条理的，避免在叙述中跳跃或信息杂乱无章。读者在阅读时能够顺畅地理解事件的发展脉络。根据事件的不同阶段或主题的不同方面进行分段。每个段落应该有一个明确的主题，并与前后段有着自然的过渡。分段的目的是为了提供清晰的阅读路径，读者能够逐步理解事件的方方面面。通过梳理这一信息结构的过程，确保新闻稿件在组织上清晰有序，读者能够轻松地理解事件的发展过程或相关主题的内在逻辑。

2. 判断新闻的主题和焦点

在判断新闻的主题和焦点时，每个段落都应该有着清晰的核心思想，以确保整篇新闻具有明确的主题和引人注目的焦点。首先，审视每个段落的信息。仔细阅读段落中的信息，理解每个部分的内容及其在整体中的位置。这有助于确保每个段落都有明确的主题。其次，弄清楚每个部分信息对整个新闻主题的贡献。判断每段文字中的信息如何关联到整体主题，以及这些信息在传递核心思想方面的作用。通过这种审视，可以更好地了解每个部分的重要性，判断哪些信息是关键的，能够直接支持主题，将其放置于前沿位置。将最关键、最能够传递核心思想的信息放置在段落的前部，使读者在阅读时能够迅速理解新闻的主题和焦点。最后，确保每个段落都有自己的焦点。即使在讨论多个方面，每段文字也应该有一个主导的焦点，使读者在每个段落中都能够明确了解新闻的核心思想。通过这样的判断新闻主题和焦点的过程，可以确保新闻稿件在每个段落中都传递着清晰的信息，读者能够逐步理解整个新闻的主题和核心焦点。

3.确保段落的简明扼要

在编辑过程中，确保段落的简明扼要是确保新闻稿件易读性和清晰度的基本原则。以下是一些建议：首先，每个段落应有明确的主题句。主题句是段落的核心，应该简洁明了地概括段落的主旨。读者通过阅读主题句能够迅速了解该段的重点内容。其次，使用简洁有力的语言表达核心信息。避免冗长的描述和复杂的句子结构，采用直接、简练的表达方式。简短的语言更容易引起读者的兴趣，提高信息传递的效率。避免信息重复。确保每个句子都为整体表达贡献新的信息，避免在段落中出现重复的观点或信息。这有助于保持段落的简明扼要，防止读者感到信息过于冗余。最后，保持句子结构的清晰度。确保句子结构简单明了，避免使用过多的修辞手法或复杂的语法结构。清晰的句子结构有助于读者更容易理解句子的含义。通过这些编辑原则，段落能够更好地传达核心信息，使读者在阅读过程中能够迅速理解每个段落的要点，提高整篇新闻的可读性。

4.验证信息的准确性

在编辑和创作过程中确保信息的准确性至关重要。可靠的信息源和事实核实是保持新闻稿可信度和权威性的基石。对信息的准确性进行验证有助于防止错误或误导性的信息传播，提高读者对新闻稿可信度的信任。这是维护媒体专业性和道德标准的一部分。在信息爆炸的时代，负责任地传递准确的信息对于建立和保持媒体的声誉至关重要。

三、新闻编辑

（一）细化报道

1.选题确定

在选题确定的阶段，编辑面临着挑选一个能够吸引读者关注的主题的任务。这一步是整个新闻报道过程的关键，因为选题的好坏直接影响着报道的受欢迎程度和影响力。编辑会考虑选题的新闻价值，即这个主题是否具有足够的新奇性、重要性、冲突性或近期性。新奇性使得报道不同寻常，重要性保证读者关心，冲突性激发争议和辩论，而近期性则确保主题与时事相关。编辑还会评估选题在社会中的关注度。一个引起公众广泛兴趣的主题，例如社会问题、科技创新或突发事件，通常更容易吸引读者。社会关注度也有助于确保报道在大众中产生共鸣。编辑需要了解目标读者群体的兴趣和关注点。选题应该符合目标读者的期望和需求，以确保报道能够迎合受众的口味，提高阅读体验。考虑从多个角度审视潜在的选题，以确保报道的多样性和全面性。不同的观点和维度有助于呈现一个更为丰富和客观的画面。编辑也需要考虑选题的可持续性，即这个主题是否具有持久的影响力或持续的发展。这确保报道在一段时间内仍然具有价值，而不仅仅是短暂的新闻热点。在选题确定的过程中，编辑需要综合考虑以上因素，并通过市场调查、读者反馈等手段获取信息，以确保选定的主题能够最大程度地引起读者的兴趣和社会的关注。

2. 素材收集

素材收集是报道过程中的关键步骤，它为编辑提供了构建全面报道的基础。在这一阶段，编辑致力于搜集多样性的素材，以确保报道的信息足够丰富，同时能够吸引读者的关注。编辑会通过多种渠道搜集素材，包括新闻社、官方声明、专业报告、社交媒体、采访等。通过多渠道的搜集，可以获取不同来源和角度的信息，从而呈现更为全面和客观的报道。文字信息是报道的基础，因此编辑会收集相关的文字性材料，如新闻稿、专业文章、官方文件等。这些材料提供了深入了解事件或主题的详细信息。图片和视频是视觉元素，能够更生动地呈现报道的内容。编辑会收集与主题相关的照片、视频素材，以丰富报道的表现形式，同时增强读者的阅读体验。编辑会寻找专业人士的观点和评论，以便在报道中引入专业性和权威性。这可以通过专家采访、学术研究、行业报告等方式获得。编辑会尽可

能地寻找当事人的见解和亲身经历，以便更贴近报道的实际情况。这可以
通过采访、社交媒体上的用户反馈等途径获取。为了更好地理解事件的背
景和演变过程，编辑会收集相关的历史和背景信息。这有助于读者更全面
地理解报道的脉络和意义。在可能的情况下，编辑可能进行实地调查，亲
自了解事件发生的地点，获取现场的感觉和直观的观察。这可以为报道添
加真实感和深度。通过全面而多元的素材收集，编辑能够建立一个坚实的
信息基础，为后续的报道撰写提供丰富的内容和维度。这确保了报道的全
面性、准确性和可信度。

3. 主旨明确

主旨的明确是确保报道焦点清晰、信息有针对性的关键一步。在素材
收集的基础上，编辑需要仔细分析收集到的信息，以确定报道的核心内容
和传达的主要观点。编辑需要从大量的素材中提炼出一个简洁而具体的主
旨。这个主旨应该概括报道的核心信息，明确表达报道的中心思想。在素
材中筛选出与主旨相关的关键信息。这些信息应该直接支持或有助于解释
主旨，确保报道的每个元素都对主题有所贡献。明确报道的角度和立场。
不同的角度可以带来截然不同的报道效果，编辑需要选择一个最符合报道
目的和观点的角度。考虑目标读者群体的兴趣和需求，确保主旨能够吸引
并引起他们的关注。主旨应该符合读者的期望，使他们能够从中获取价值
和启示。主旨的明确有助于构建报道的逻辑结构。每个段落、每个部分都
应该与主旨密切相关，确保整个报道在逻辑上紧凑而有条理。确定信息的
优先级，确保主旨相关的最重要的信息能够首先呈现给读者。这有助于引
起读者兴趣，使他们更愿意深入阅读整个报道。在主旨明确的基础上，编
辑可以更有针对性地展开报道的撰写，确保报道的核心思想得到清晰、有
力地传达。这个过程是确保报道焦点明确，能够有效传递信息的关键一步。

4. 目的明确

目的的明确是确保报道有明确的传播目标和效果，使读者能够在阅读
过程中获得特定的信息、观点或产生某种反应。目的可能是传达特定的信

息，如解释一个复杂的问题、介绍新的发现或提供实用的建议。编辑需要明确这些信息，并确保它们在报道中得到充分呈现。有时候，报道的目的是表达特定的观点或立场。这可能涉及对某一问题的看法、对事件的解读或对某种现象的评价。编辑需要清楚地定义这一观点，并在报道中通过逻辑和证据进行支持。某些报道的目的可能在于引起社会关注、触发公共讨论或激发社会变革。编辑需要认识到报道可能产生的社会影响，并努力确保报道在这个层面上具有积极的价值。目的还可以是促使读者采取特定的行动或反应。这可能包括号召行动、参与社会运动、改变观念等。编辑需要明确报道的目的是激发什么样的读者反应，并采取相应的策略来实现这一目标。对于媒体机构或作者个人而言，报道的目的也可能涉及到维护或建立品牌形象。编辑需要确保报道与品牌价值观一致，有助于提升媒体或作者在读者心目中的形象。通过明确报道的目的，编辑可以更有针对性地选择报道的角度、语言风格和呈现方式，以确保报道能够实现预期的传播效果。这有助于提高报道的效益和影响力。

5. 核心信息提炼

核心信息的提炼是确保报道简洁明了、重点突出的关键步骤。在丰富的素材中，编辑需要精选出那些最为关键和重要的信息，以确保读者能够迅速抓住报道的核心思想。编辑首先要识别出在报道中最为关键的信息。这可能是事件的关键发展、重要统计数据、专家意见等。这些信息应该直接关联到报道的主旨和目的。在筛选信息时，编辑需要评估每个信息的重要性。哪些信息对于读者理解报道的主要观点至关重要，这有助于确定信息的优先级。从各个角度中提炼出核心观点。这可以通过筛选出在不同信息中重复出现的主题或共同点来实现。核心观点是报道的基础，对于传达清晰的信息至关重要。编辑需要确保核心信息的表达简洁清晰。避免使用冗长的叙述，而要选择简练而有力的语言，使核心信息能够直截了当地传递给读者。确保筛选出的核心信息与报道的主旨和目的高度相关。不相关或次要的信息太多可能会导致报道失去焦点，使读者难以理解报道的要点。

确保选取的核心信息在报道中有逻辑的关联。信息之间应该形成一个连贯的故事线，帮助读者更好地理解报道的发展过程。通过以上步骤，编辑能够将复杂的素材中提炼出最为关键和有影响力的信息，确保报道的信息量适中，读者能够迅速理解报道的核心内容。这有助于提高报道的可读性和传播效果。

6. 分段论述

分段论述是一种有助于提高报道结构清晰度和读者理解度的写作方法。通过将报道分为不同的段落，每个段落专注于一个特定的方面或主题，编辑可以更有条理地呈现信息，使读者能够更轻松地理解报道的组织结构。每个段落的开头应有一个明确的主题句，它概括了该段的核心内容。这有助于读者迅速了解段落的主题，并在阅读时保持对报道整体结构的理解。每个段落应专注于一个独特的主题或方面。避免在一个段落中过多地涵盖不同的话题，以确保每个主题都能够得到充分的阐述。确保段落之间有清晰的逻辑关联。信息的呈现应该按照一定的顺序，使读者能够顺畅地跟随报道的思路发展。根据信息的重要性和层次，对段落中的信息进行组织。将关键信息放在段落的首部，有助于引起读者的兴趣，随后逐渐展开更为详细的内容。使用连贯的过渡句，在段落之间建立逻辑关联。这有助于报道的整体流畅性，使读者更容易理解各个部分之间的关系。在每个段落中使用适当的引用和举例，以支持报道的观点和信息。这可以增强报道的可信度，并帮助读者更好地理解报道中提到的概念和事实。确保整个报道的结构是合理的，每个段落都为整体叙述服务。编辑可以通过重新安排段落的次序或增减某些内容来优化报道的结构。通过分段论述，编辑能够更好地组织报道的内容，使其更易读、易懂，提高读者对信息的理解和接受程度。这也有助于确保报道的逻辑性和一致性。

7. 逻辑连接

逻辑连接是确保报道整体结构紧密、思路清晰的关键要素。通过巧妙地建立段落间和句子间的逻辑连接，编辑可以使读者更轻松地理解报道的内容，形成一个连贯的叙述。在段落之间使用过渡句，引导读者从一个主题或观点顺畅过渡到下一个。过渡句可以是表达关联关系的词语、短语，也可以是连接思想的句子。确保信息按照一种逻辑顺序呈现。例如，按照时间顺序、重要性递减或递增的顺序组织信息，使读者能够更容易地跟随报道的发展。在整个报道中反复强调主题，使读者时刻记住报道的核心思想。这有助于确保整体的逻辑一致性。在前文引出一个概念或主题，然后在接下来的段落中详细展开。这种手法能够引起读者的兴趣，同时确保信息的逻辑关联性。运用连接词语，如"此外""然而""因此"等，以在句子和段落之间建立逻辑关系。这有助于强调不同观点之间的关联或转折。在报道的适当位置回顾先前提到的内容，帮助读者回忆起前文的信息，以便更好地理解当前的叙述。在表达相似或对比观点时，使用平行结构，使句子在结构上保持一致。这有助于读者更容易理解相似或对比的关系。引用前文或当前段落中的信息，使各部分之间形成内在的联系。这可以通过指代词、重复关键词等方式实现。通过巧妙的逻辑连接，编辑可以使报道的结构更加有条理，确保读者在阅读过程中不会迷失在信息的海洋中，而是能够清晰地跟随报道的思路。这有助于提高报道的可读性和阐释力。

8. 语言精炼

语言精炼是写作中的一项关键技巧，它可以使报道更为清晰、简练，增强读者的阅读体验。避免冗长和复杂的表达方式，使用简练的语言，让句子更为明了，使读者能够更轻松地理解报道的内容。删除不必要的修饰语和烦琐的句子，确保每个词语都对报道的核心内容有直接的贡献，避免废话。避免在文章中重复使用相同的词语或表达方式。寻找同义词或不同的表达方式，以保持语言的多样性。选择更有力、更具体的词汇，以增强语言的表达力，避免使用模糊不清或过于普通的词语。用词精准地描述事物，避免模糊或不准确的表达。确保读者能够清晰地理解报道中描述的场景或概念。使用强有力的动词，以增加语句的生动感和表现力。避免过于依赖形容词，而是让动词直接传达信息。确保报道的标题简明扼要，能够准确传达报道的主题。标题是吸引读者的第一印象，需要具有吸引力和概括性。如果有使用专业术语，确保对读者进行适当的解释，避免过多的行业术语影响读者的理解。经常审查报道，寻找可以进一步简化或提炼的地方。多次修改有助于确保语言的精炼和准确。通过精炼语言，编辑可以提高报道的可读性、吸引力和信息传达效果。这有助于确保读者更轻松地理解报道的核心内容，提升整体写作质量。

9. 审慎评估

审慎评估是报道编辑的最后一道关卡，它确保报道在各个方面都达到了高质量的标准。确保报道的主旨清晰、明确，而且与选题和目的相一致。主旨和目的是整个报道的灵魂，需要在审慎评估中得到特别的关注。检查核心信息是否得到了充分的呈现。每个段落和句子是否都对核心信息进行了支持，确保读者在阅读后能够理解报道的关键信息。审查报道的整体结构，确保逻辑关联性。段落之间的过渡是否自然，整个报道的结构是否有助于传达主旨和目的。仔细检查语言表达，确保用词准确、清晰，避免歧义。审慎选择词汇，确保它们能够准确传达所要表达的意思。考虑报道的读者群体，确保报道能够满足他们的需求和期望。报道是否符合读者的背景、兴趣和阅读习惯，确保整个报道在语言风格上是一致的。避免在不同段落或部分之间切换风格，以保持整体的统一性。细致地检查标点和语法，确保文章没有明显的错误。标点符号的使用是否准确，语法结构是否通顺，标题和导语是报道的开端，确保它们能够吸引读者并准确概括报道的主题。标题是否简明扼要，导语是否能够引起兴趣。如果报道包括图像或其他媒体元素，确保它们与文字内容相辅相成，而不是重复或冲突。图文配合能够提升报道的可视化效果。确保报道的内容符合道德规范和法律法规。避免虚假陈述、不实报道或其他可能引起争议的问题。通过审慎评估，编辑可以确保报道在各个方面都达到高质量的水平，从而提升报道的专业性、可信度和吸引力。如有需要，可以进行必要的修改和调整，以确保最终的报道符合预期的标准。

（二）标题和摘要

标题和摘要是新闻报道中至关重要的部分，它们是吸引读者、概括报道主旨的关键元素。以下是一些建议，帮助编辑创建简练而又引人入胜的标题和摘要：

1. 标题

（1）简明扼要：确保标题简短、明了，能够一眼传达报道的核心主题。避免过长的标题，让读者在短时间内理解报道的要点。

（2）引人入胜：使用具有吸引力的词语，激发读者的兴趣。可以考虑使用引人注目的动词或形容词，让标题更富有生气。

（3）概括主旨：确保标题能够概括报道的主要观点或事件，让读者对报道内容有清晰的预期。

（4）关键词突出：如果有关键词能够吸引读者，可以在标题中突出显示。

（5）避免歧义：确保标题的表达清晰，避免歧义或多解释的可能。读者应该在看到标题后能够准确理解报道的主题。

2. 摘要

（1）简洁明了：摘要应该简洁明了，概括报道的关键信息，避免冗长，确保在几句话内传递最重要的信息。

（2）强调重点：突出报道的重点信息，确保摘要包含最关键、最引人注目的内容。读者通过摘要能够迅速了解报道的核心。

（3）读者导向：考虑读者的兴趣和需求，确保摘要能够回答读者最关心的问题。摘要应该满足读者的好奇心，引导他们进一步阅读全文。

（4）流畅过渡：摘要中的句子应该具有良好的过渡性，使读者能够顺畅地理解报道的主题和发展。

（5）引用语或亮点：如果有报道中的引用语或亮点，可以考虑将其包含在摘要中，以增加吸引力和信息密度。

（6）精炼语言：使用精炼而准确的语言，确保摘要在表达上精准而有力。每个词语都应该对报道的核心信息有贡献。

编辑在确定标题和摘要时，应该充分考虑报道的主题、目的和读者群体，以确保这两个元素不但能够最有效地吸引读者，而且概括了报道的核心信息。

（三）多媒体要素

在编辑新闻报道时，考虑是否添加多媒体要素是提升报道吸引力和传达效果的关键决策。图片、视频等多媒体要素能够生动地呈现事件、场景或访谈，为读者提供更直观的感受。这些要素可以增强报道的视觉吸引力、提供额外的信息维度，并丰富读者的阅读体验。对于图片，编辑应选择能够生动展现报道主题的高质量图片，确保其与文字内容相辅相成，而不是简单地重复文字中的信息。对于视频，要保持视频短小而精悍，适应吸引读者短时间的关注力，并确保画质高清，播放流畅。图文结合是一个有效的手段，确保图片和文字相互补充，形成一个更为完整的故事。在整个报道中平衡分配图文的比例，以保持整体的视觉平衡。此外，编辑还可以考虑引用和使用图表。通过引用或引述可以强调报道中的重要观点或专家意见。使用清晰明了的图表来呈现统计数据或趋势，使读者更容易理解。在社交媒体集成方面，编辑可以在报道中加入社交媒体分享功能，鼓励读者通过社交媒体与报道互动，提供评论、分享意见等。这有助于增强报道的传播效果和读者参与度。最后，确保多媒体要素在不同设备上都能够正常显示和播放，包括电脑、平板和手机等。这有助于适应不同读者群体和提供更好的用户体验。综合利用多媒体要素，编辑能够使报道更具吸引力、更生动直观，提高读者对新闻内容的理解和参与度。

（四）语言风格

在编辑新闻报道时，语言风格的处理对于确保表达清晰、准确，符合媒体的编辑标准至关重要。确定报道的目标读者群体，以调整语言风格。不同的读者可能对语言的要求有所不同，编辑应该根据读者的背景、兴趣和专业水平选择适当的语言。当报道涉及专业领域时，确保使用正确的专业术语。然而，也要考虑一般读者可能不熟悉专业术语，因此需要在适当的地方提供解释或背景信息。避免使用过于复杂或冗长的句子。语言应该清晰简洁，让读者能够迅速理解报道的要点，避免歧义。使用生动的词汇和表达方式，使语言更具活力。避免枯燥的表达，让读者在阅读时感到愉悦和投入。尽量使用主动语态，使句子更为直接和有力。主动语态通常更易于理解，能够直接指明动作的执行者。如果报道涉及到行业术语，确保其使用适度，并提供解释或上下文，以确保一般读者能够理解。在报道中使用引用和直接引语可以增强报道的可信度和生动性。然而，确保引用是准确的，并在必要时提供背景信息。确保整篇报道在语言风格上是一致的。不同部分之间应保持一致性，以避免读者感到混淆。注意语言的歧义性，确保读者能够正确理解报道中的信息。避免模棱两可的表达，尽量明确传达观点和事实。遵循媒体的编辑标准和规范，包括拼写、语法和标点符号的正确使用。这有助于提高报道的专业水平。通过综合考虑这些因素，编辑可以确保新闻报道在语言风格上符合媒体的编辑标准，同时能够有效地传达信息，吸引并保持读者的持续关注。

整个新闻收集与编辑的流程要求记者和编辑有一定的新闻敏感性和判断力，以确保最终呈现给读者的是有价值、真实且吸引人的新闻。

第二节　内容生产与整理

一、选题确定

编辑团队首先需要明确报道的选题。选题应当具有新闻价值和社会关注度，能够引起读者兴趣。在选择选题时，编辑团队可能会考虑当前的热点事件、社会趋势或特殊议题。在选题阶段，编辑团队通常会进行以下步骤：

　　（一）市场分析和趋势观察

　　市场分析和趋势观察是编辑团队确定新闻选题的关键步骤。这一过程涉及对社会、文化、经济等多个层面的观察和分析。以下是在市场分析和趋势观察阶段可能采取的一些方法和注意事项：

　　1.社交媒体监测

　　社交媒体监测是编辑团队敏锐感知公众关注点和热点的关键工具。社交媒体在当代社会扮演着重要的角色，成为人们表达观点和关注事物的主要平台。编辑团队通过对社交媒体平台的监测，能够深入了解以下方面：社交媒体提供了即时反馈的渠道，编辑团队可以迅速了解公众对特定话题的反应。评论、分享、点赞等互动反馈直观地展现了公众的情感和观点。通过监测社交媒体，编辑团队能够追踪热点话题，了解当前社会上引起广泛讨论的事件、现象或议题。这有助于编辑选择与时事相关的新闻选题。社交媒体上的评论和表达往往包含了公众的情感倾向。编辑团队通过分析这些情感，能够更深入地理解公众的态度和感受，为报道提供更丰富的内容。监测社交媒体上的话题标签，编辑团队可以了解哪些话题被大量关注和讨论。这有助于抓住社会上最受关注的事件或议题。分析社交媒体上用户的互动行为，如转发、评论、分享，有助于编辑团队了解哪些内容引起更多关注和传播，从而判断话题的热度和影响力。社交媒体监测为编辑团队提供了进行舆论分析和趋势研判的数据基础。通过了解公众的集体声音，编辑能够更好地把握社会氛围和民意走向。社交媒体监测的深入应用使编辑团队能够更敏锐地捕捉社会动态，为新闻报道的选题和角度提供有力的参考，保持报道的时效性和吸引力。

　　2.研究市场调查报告

　　研究市场调查报告是编辑团队获取有关市场和公众消息趋势的重要途径。这些调查报告提供了专业机构和行业协会对于消费者行为、产业发展趋势、社会变革等方面的深度数据和分析，为新闻报道提供了宝贵的信息基础。调查报告中包含的数据可以为编辑提供科学、客观的支持。这些数据往往基于大样本的研究，具有较高的可信度。报告通常对市场趋势进行深入分析，编辑团队可以从中了解到当前和未来可能发生的社会、经济趋势。由专业机构或行业协会发布的调查报告往往蕴含着行业专家的观点和看法，有助于编辑深入了解相关领域。

调查报告提供了关于消费者行为和市场洞察的信息，有助于编辑理解公众的需求和兴趣。编辑通过研究调查报告可以了解到不同行业的发展方向，从而选择更符合时代潮流的新闻选题。利用学术数据库、行业网站等渠道，搜索并获取相关领域的市场调查报告。访问专业研究机构和行业协会的官方网站，这些机构通常发布最新的市场调查报告。行业杂志经常整理和报道最新的市场趋势和研究成果，编辑团队可以通过订阅这些杂志获取信息。参与行业研讨会或会议，与专业人士交流，获取行业内最新的研究动态。通过专业网络或行业联系，与专业人士取得联系，获取他们对于行业趋势的观点和建议。通过这些方法，编辑团队可以深入研究市场调查报告，为选题和报道提供全面、深入的信息支持，确保新闻报道具有更高的专业性和权威性。

3.关注其他媒体报道

通过关注其他媒体报道，编辑团队能够获得来自不同角度的信息，深入了解社会上正在发生的热点事件和引起关注的话题。这个过程有几个关键的方面：阅读其他媒体的报道有助于编辑团队获得多元的视角。不同媒体可能强调不同的方面，提供不同的分析和解读，从而帮助编辑形成更全面的认识。通过了解其他媒体关注的内容，编辑可以避免选择与其他媒体高度重合的选题。这有助于确保新闻报道的独特性和独到之处，吸引读者的兴趣。阅读其他媒体的报道也是一种学习和借鉴的过程。编辑团队可以从对其他媒体的观察和分析中汲取经验，了解不同的报道风格和策略。通过关注其他媒体，编辑团队有机会发现一些未被充分关注的领域。这些领域可能包含有趣的故事、深度的调查，成为新的选题方向。了解其他媒体报道的受欢迎程度和公众反应，有助于编辑团队把握舆论走向，更好地满足读者的需求。通过在不同媒体之间建立对话和对比，编辑团队能够更全面、全局地了解当前社会的状况，从而更好地选择新闻选题、制定报道策略，提高新闻报道的质量和吸引力。

4. 参与行业活动和会议

参与行业活动和会议是编辑团队获取行业内最新信息的一种极为有效的途径。行业活动和会议通常能够吸引来自该领域的专业人士，包括业内领袖、专家学者等。与这些专业人士互动，可以获得深度的行业见解和最新动向。这些活动提供了了解行业最前沿动态的机会。从新产品发布到行业趋势分析，编辑团队可以在会议上获取到行业内最新的信息。参与行业活动和会议是建立和拓展社交网络的良好机会。与其他行业从业者交流，建立关系网络，有助于未来更好地获取信息和资源。行业会议通常涵盖行业内的挑战和问题讨论，编辑团队可以通过参与这些讨论，更深度地了解行业的发展瓶颈和解决方案。与行业内专家进行面对面的交流，有助于编辑团队获取专业见解。这些专业见解能够为编辑提供更深层次的行业理解，帮助他们更好地把握新闻报道的专业性。行业活动和会议通常包含对未来趋势的探讨和展望。编辑团队通过参与这些讨论，能够更早地了解到行业的发展方向，为选题和报道提供灵感。参与行业活动和会议不仅是获取信息的途径，更是编辑团队不断提升专业素养和扩展视野的机会。通过积极参与行业交流，编辑团队能够保持对行业的敏感性，为读者提供更有深度和前瞻性的新闻报道。

5. 关注大众文化和娱乐产业

关注大众文化和娱乐产业是编辑团队获取社会潮流和人们兴趣的重要途径。大众文化往往是社会观念和价值观的一面镜子。编辑团队通过观察电影、音乐、文学等领域的趋势，能够更深刻地理解社会中正在发生的变化和演进。娱乐产业是大众文化的一个主要组成部分，也是社会潮流的风向标。编辑团队通过关注娱乐产业的发展，可以预测出一些可能影响社会的新兴趋势。从社交媒体到线上平台，大众文化在今天更容易传播。编辑团队通过关注文化热点，能够更好地把握社会舆论，为选题和报道提供灵感。大众文化中的变革往往反映了社会的整体变革。编辑团队通过观察大众文化的演变，能够更敏感地感知社会中的重要变化。大众文化是满足大众兴趣和需求的产物。编辑团队通过了解大众文化，可以更好地了解读者的兴趣爱好，为新闻报道选择更符合读者口味的题材。大众文化中的创新和创意往往能够激发编辑团队的灵感。观察文化领域的新奇和独特之处，有助于编辑在选题和报道中注入新的元素和视角。通过关注大众文化和娱乐，编辑团队能够更好地洞察社会的脉动和人们的兴趣点，为新闻报道提供更有深度和广度的视角，确保新闻内容更贴近读者的生活和关注点。

6. 跟踪经济指标

跟踪经济指标是编辑团队获取社会经济发展方向的关键手段。这个过程包含几个重要的方面：编辑团队通过跟踪宏观经济指标，如国内生产总值、消费指数、工业产值等，可以全面了解社会经济的总体状况。这有助于编辑团队选取与宏观经济走势相关的新闻选题。就业率、失业率等是了解劳动力市场状况的关键指标。编辑团队通过关注这些数据，可以把握社会中可能存在的就业问题、职场变化等话题。跟踪产业投资和创新动向，编辑团队可以预测出一些可能引起社会关注的新兴行业和技术。这有助于选择具有前瞻性的经济新闻选题。消费者支出是经济的重要组成部分。通过关注零售销售、消费信心指数等，编辑团队可以了解到消费者的购买力和消费趋势，为选题提供有力支持。政府的经济政策变化对社会经济有着直接影响。编辑团队通过关注政府的财政政策、货币政策等，能够预测可能发生的社会经济变革，选择相关选题。上市公司的财务报告、业绩表现等也是编辑团队了解经济状况的重要参考。企业的业绩可以反映出行业竞争和市场变化，为编辑提供深度报道的素材。通过跟踪这些经济指标，编辑团队能够更全面、深入地了解社会经济发展的方向，为新闻报道选择与时事和公众关切密切相关的经济选题，保持报道的及时性和关联性。

7. 深入社群和社会观察

深入社群和进行实地观察是编辑团队获取直观社会反馈的一种非常有

效的方法。这个过程包括以下几个重要的方面：通过深入社群，编辑团队能够直接观察和了解人们的生活方式。这种近距离的观察有助于编辑更真实地反映社会生活中的方方面面。实地观察使编辑团队能够直接感知人们的需求和面临的问题。这有助于选取关联度更高、更贴近社会关切的新闻选题。社群观察不仅能够了解个体生活，还能洞察群体之间的文化和社交动态。这对于报道社会中的文化现象和群体关系具有重要意义。编辑团队通过深入社群观察，可以更敏感地捕捉到社会的变革和趋势。这种实地的观察方法有助于编辑更早地发现社会中正在发生的重要变化。与社群直接互动使编辑能够深入了解人们的情感和心理层面。这种深度的了解有助于编辑更贴近读者的情感需求，提高报道的情感共鸣度。实地观察不仅提供了信息，还能够获取丰富的直观素材，如照片、视频等，使报道更具图文并茂的表现形式。通过深入社群，编辑团队能够与社会更紧密地互动。这种社会参与有助于建立信任关系，为编辑提供更深度的报道机会。通过深入社群和实地观察，编辑团队可以不仅从数据和信息层面了解社会，更能够从人们的真实生活中获取直观、深刻的素材，为新闻报道提供更真实、更具体的呈现。这种观察方法有助于编辑更好地贴近读者，使报道更具有感染力和吸引力。

通过这些方法，编辑团队可以全面了解社会的热点事件和趋势，为选择有新闻价值的选题提供基础。这有助于确保报道能够紧跟时代潮流，引起读者的关注和兴趣。

（二）新闻价值评估

新闻价值评估是编辑团队确保选题具有吸引力和公众关注度的关键环节。选题的时效性是评估其新闻价值的首要因素。编辑团队需要考虑选题是否与当前社会事件、热点话题或时事相关，以确保报道能够及时呼应和引起读者关注。选题的影响力是评估其社会价值的重要指标。编辑团队会考虑选题是否能够对社会、群体或个体产生重要影响，以确定其新闻报道的价值和意义。选题的近距离度指的是其与读者生活、关切点的距离。编辑团队需要评估选题是否贴近读者的日常生活，是否与他们的兴趣、需求直接相关。选题是否能够触及公众的关切点也是新闻价值的重要考量。编辑团队会分析选题是否引起社会广泛关注，是否能够引发公众讨论和参与。不寻常或突发性事件通常具有较高的新闻价值。编辑团队会评估选题是否与平常日常新闻有所不同，是否能够提供新颖、独特的视角。选题是否涉及公共利益，是否能够为公众提供有益信息也是新闻价值评估的考虑因素。编辑团队需要确保选题有助于公众了解、参与或从中受益。编辑团队还会关注选题的多样性，确保新闻报道涵盖不同领域、群体，以满足读者的多样化需求。选题的可信度是新闻报道的基础。编辑团队需要确保选题的信息来源可靠、事实准确，以保持报道的专业性和可信度。通过对这些因素的全面评估，编辑团队能够确定选题是否具有足够的新闻价值，以确保他们选择的新闻能够引起公众的关注、产生积极的社会影响。这种评估过程有助于编辑团队选择更具吸引力和意义的新闻选题。

（三）目标读者考虑

考虑目标读者是确保新闻报道能够有效吸引受众的关键一环。这个过程需要编辑团队深入了解目标读者群体，包括以下几个方面：编辑团队需要建立目标读者的画像，包括年龄、性别、职业、地域等基本信息。这有助于更具体地了解目标读者的特征和特点。编辑团队需要了解目标读者的兴趣爱好、需求和关注点。这可以通过市场调研、读者反馈、社交媒体互动等方式获得。目标读者的价值观和观念对于新闻选题的吸引力至关重要。编辑团队需要了解目标读者所关心的价值观，以确保选题能够与其观念相契合。目标读者的消费习惯涉及到信息获取的途径、阅读习惯等方面。编辑团队通过了解这些习惯，可以更好地选择适合目标读者的报道形式和媒体渠道。不同的目标读者可能在不同的平台上获取新闻信息。编辑团队需要了解目标读者的平台偏好，以确保报道能够在他们常去的平台上被广泛传播。与目标读者建立反馈机制是关键的互动方式。编辑团队通过读者反馈、评论等方式了解目标读者对于之前报道的反应，从而调整选题和报道策略。编辑团队需要了解目标读者当前关注的时事热点，以确保选题与他们的关注点紧密契合，增加报道的吸引力。目标读者的文化背景对于理解其兴趣和观点至关重要。编辑团队需要考虑文化因素，以避免选题或报道内容可能引起误解或不适。通过深入了解目标读者，编辑团队能够更精准地选择选题，确保报道内容符合目标读者的期待和兴趣，提高报道的可读性和吸引力。这种关注目标读者的做法有助于建立更紧密的编辑与读者之间的联系。

（四）社会责任和公共利益

考虑社会责任和公共利益是编辑团队在选题过程中的重要指导原则。这个过程需要编辑团队深入思考以下几个方面：选题的社会影响力是评估其符合社会责任的关键因素。编辑团队需要考虑选题是否能够引起社会广泛关注，是否能够促进社会正面变革。选题是否有助于公众更好地理解某一问题或事件也是考虑的因素。编辑团队应该思考报道是否能够提供清晰、全面的信息，帮助公众形成准确的认知。社会问题的曝光是媒体社会责任的一部分。编辑团队需要关注那些可能被忽视或需要更多曝光的社会问题，并选择这些问题作为新闻报道的重点。媒体在选题时可以考虑选择能够提升公众参与度的话题。这包括引导公众对某一问题进行讨论、提出意见或参与相关活动。编辑团队需要确保选题的报道是客观、公正的，不偏向于某个立场。这是维护媒体信誉和社会责任的一项基本要求。选题是否能够推动社会变革，促进社会进步也是一个考虑点。编辑团队可以选择关注那些有望改善社会状况的选题，推动社会朝着更积极的方向发展。媒体在选题时可以考虑选择能够教育和启发公众的话题。这包括传递知识、提供深度分析，以及鼓励公众思考和学习。社会责任要求媒体在选题和报道中避免传播虚假信息。编辑团队需要确保选题和报道是基于可靠的事实和准确的信息。通过关注社会责任和公共利益，编辑团队能够选择那些有助于社会发展、引导公众关注的选题，使媒体在社会中发挥更为积极的作用。这也有助于树立媒体的良好形象，增强媒体在社会中的公信力。

（五）多元化和平衡

确保选题的多元化和平衡是编辑团队保持报道全面性和吸引力的关键。这个过程包括以下几个方面：编辑团队需要选择涵盖不同主题的选题，确保新闻报道能够涉及多个领域，满足不同读者群体的兴趣和需求。这有助于媒体在内容上保持多元性。在选题时，编辑团队要考虑不同的视角和立场，确保报道能够呈现多元的观点。这有助于建立媒体的公正性和客观性。编辑团队需要考虑报道中涉及的人物、群体是否具有代表性。选择具有多样性的人物和群体有助于反映社会的多元性。新闻报道应该关注不同地域的事件和问题，确保不同地区的读者都能够找到相关的报道。这有助于增加媒体的地域覆盖面。编辑团队要确保选题涵盖各种时事事件，不仅关注热点新闻，还要关注那些可能被忽视的但具有重要社会意义的事件。选题中要关注人文关怀，涉及社会问题、人权、环保等方面。这有助于媒体在报道中展现更为关怀社会、关注人文的一面。编辑团队可以选择报道科技、创新等领域的选题，确保新闻报道能够涵盖不同领域的知识和信息。关注不同文化、习俗、传统等方面的选题，有助于展现社会的文化多样性，吸引不同文化背景的读者。通过确保选题的多元化和平衡，编辑团队能够提供更为全面和多样的新闻报道，满足不同读者群体的期待，增强媒体在社会中的影响力。这也有助于建立媒体的公信力，让更多人认可和信赖媒体的报道。

（六）合法性和道德性

确保选题的合法性和道德性是编辑团队在新闻报道中的基本原则。这一过程包括以下几个方面：编辑团队需要确保选题和报道内容符合当地和国家的法律法规。避免侵犯他人隐私、侵权或其他可能引起法律责任的问题。编辑团队在选题时要注意避免对个人或群体进行不当关注，尤其是在涉及敏感议题时，要谨慎处理，防止引发负面社会反响。选题和报道应符合媒体的道德准则，避免制造虚假信息、歪曲事实或采用欺诈手段。编辑团队要保持诚实和透明，对读者负责。在选题和报道中要尊重个体的隐私权。避免对私人生活的干预，确保报道内容的道德合法性。编辑团队要遵循不歧视原则，避免在选题和报道中涉及歧视性言论或行为，确保报道内容对所有群体公正对待。如果选题涉及受害者，编辑团队要确保报道内容不进一步伤害受害者，并尽力保护其权益。选题和报道要具有社会责任感，避免传播不负责任的信息，确保报道对社会有积极的作用。编辑团队在发现错误或不当报道时，应及时采取纠正措施，向公众公开错误并进行道歉。通过遵循这些合法性和道德性原则，编辑团队能够确保他们的选题和报道在法律、伦理和社会层面都是可接受的。这有助于维护媒体的声誉，建立读者对媒体的信任，提高报道的权威性和可信度。通过这些步骤，编辑团队可以更全面、科学地选择具有新闻价值和社会关注度的选题，为报道的成功打下坚实的基础。

二、策划与会议

在策划与会议阶段，编辑团队的协同工作至关重要，确保报道的整体质量和效果。这个过程包括以下几个关键步骤：

（一）整体架构讨论

整体架构讨论是编辑团队在报道策划与会议阶段的关键步骤。在这个讨论中，团队会共同探讨如何构建整个报道的基本框架，确保报道具有逻辑性和一致性。以下是这个讨论可能涵盖的关键方面：编辑团队首先会明确报道的主题是什么。这是整个报道的核心，决定了报道要传达的信息和观点。在整体架构讨论中，团队会确定报道的重点。即在整篇报道中，哪些方面是需要特别关注和深入探讨的。编辑团队会规划报道的逻辑结构，确定报道的整体叙述方式。这包括故事的开头、发展、高潮和结尾，确保整个报道有一个流畅的叙事线索。在整体架构讨论中，团队会识别和提炼出关键信息，确保这些信息在报道中得到突出呈现，不容忽视。编辑团队会确保整体架构讨论中传达出报道的立意和观点。这有助于在报道中保持一致性，确保信息传递的清晰度。团队可能会讨论选用何种叙事风格，是采用客观中立的风格，还是注重情感表达。这有助于为报道赋予特定的氛围和风格。编辑团队在整体架构讨论中也会考虑如何引导读者，使其更容易理解报道的核心信息，并建立对报道的兴趣。如果报道包括图片、图表等多媒体元素，团队还会讨论如何安排这些元素，以丰富报道的形式。整体架构讨论是确保报道有清晰结构和有力叙述的关键环节。通过这个讨论，编辑团队能够形成共识，为后续的撰写和制作提供明确的方向。这有助于确保报道的整体质量和效果。

（二）主题明确

主题明确是编辑团队在报道策划与会议阶段的关键步骤。这个过程涉及确保整个编辑团队对报道的核心内容和立场有一致的理解。以下是在主题明确的会议中可能讨论的关键方面：编辑团队会共同讨论选题，确保每个团队成员对报道的主题有清晰的理解。这有助于形成整个团队的共识。在会议中，团队会明确定义报道的主题是什么。这是整篇报道的核心，决定了报道要关注和探讨的焦点。编辑团队会识别报道中的核心信息，确保这些信息与主题紧密相关，能够有效地传达报道的重点。在主题明确的会议中，编辑团队还会讨论报道的立场和角度。这有助于确保整个团队在报道中传递一致的信息和观点。编辑团队可能考虑目标读者对主题的兴趣和关注度。这确保报道能够引起读者的共鸣和关注。团队讨论主题需要深入多少，以确保报道既不过于笼统也不过于狭窄。这有助于找到一个合适的深度，使报道更有深度和价值。编辑团队可能会考虑主题的时效性，确保报道关注的是当前具有新闻价值的事件或问题。团队讨论如何使选定的主题在媒体领域中更具独特性，与其他报道有所区分。通过主题明确的会议，编辑团队能够建立对报道核心的共同认知，确保整个团队在撰写和编辑过程中朝着相同的方向努力。这有助于保持报道的一致性和焦点，提高报道的质量和吸引力。

（三）角度确定

角度的确定是报道策划与会议中的关键环节，它决定了报道从哪个特定的方面或视角呈现选题。以下是在角度确定的讨论中可能涉及的关键方面：编辑团队会从不同的角度思考选题，讨论哪些角度是值得关注和深入挖掘的。这有助于寻找独特性和深度。考虑目标读者对选定角度的兴趣和需求。选择一个能够引起读者共鸣的角度，有助于提高报道的吸引力。在确定角度时，编辑团队还要考虑报道的立场和观点。确定一个明确的角度有助于传递特定的信息和态度。编辑团队讨论如何使选定的角度更具独特性，与其他媒体报道有所区别，吸引读者的注意。讨论角度需要涉及多深入挖掘问题，以及是否需要覆盖选题的多个方面。这有助于找到一个合适的平衡点，使报道既有深度又有广度。考虑选定角度在叙事中的呈现方式，以使报道更加生动有趣。这可能涉及叙述技巧、故事结构等方面的讨论。考虑选定角度是否与选题的时效性相匹配，确保报道能够及时地反映事件或问题的最新发展。角度的确定也可能涉及是否引入对话和争议，以激发读者的思考和讨论。通过确定明确的角度，编辑团队能够为报道赋予独特性，使其在媒体领域中脱颖而出。这有助于提高报道的品质和读者吸引力，确保报道能够传递清晰而有深度的信息。

（四）采访对象策划

采访对象策划是报道策划与会议中至关重要的一环。通过仔细计划采访对象，编辑团队可以确保报道获取到多样化、深入的信息，从而增强报道的丰富度和可信度。以下是在采访对象策划中可能讨论的关键方面：讨论可能的采访对象，明确他们在选题中的角色。这可以包括专家、目击者、相关机构代表等不同角色的人物。考虑采访对象是否能够覆盖选题的不同专业领域，以获取全面的信息。确保涉及到选题各个方面的代表性人物。采访对象的观点应该具有多元性，能够呈现不同的角度和看法。这有助于报道更加客观和全面。讨论采访对象的专业背景和经验，确保他们有资格提供有价值的信息。这对于增加报道的权威性至关重要。考虑采访对象是否与目标读者有关联，能够引起他们的共鸣和兴趣。确保采访对象符合目标读者的期望和需求。确定采访对象的计划安排，包括时间、地点和方式。

这有助于保障采访过程的顺利进行。讨论制定采访提纲，明确采访问题和重点。这有助于确保采访能够有针对性地获取所需信息。如果选题涉及敏感问题，编辑团队需要讨论如何处理敏感问题，确保采访过程中能够尊重采访对象的隐私和感受。通过认真策划采访对象，编辑团队可以更好地利用采访资源，确保报道能够提供深度和广度兼具的信息。这对于报道的质量和读者的理解至关重要。

（五）讨论报道形式

讨论报道形式是报道策划与会议中的一个关键环节，决定了报道最终呈现给读者的媒体形式。以下是在讨论报道形式的会议中可能涉及的关键方面：讨论文字报道的深度，确定文字报道需要包含的信息量和详细程度。这有助于确保报道既有深度又不冗长。讨论是否需要使用图片来丰富报道。如果是，编辑团队会讨论图片的选取标准、版式设计，以及图片与文字的配比关系。如果报道需要更生动的呈现，编辑团队可能会讨论是否引入视频元素。这包括视频采访、纪录片片段等。讨论如何最好地搭配文字和图片，以在呈现上达到最佳效果。这有助于提升报道的吸引力和可读性。编辑团队讨论是否引入多媒体交互元素，比如交互式图表、地图等，以增强读者的参与感。考虑报道与社交媒体的整合，确定如何通过社交媒体平台进一步传播报道，吸引更广泛的受众。编辑团队讨论如何适应移动端阅读，确保报道在不同设备上都能够良好呈现。讨论报道形式是否适合长篇或系列报道。这有助于决定是一篇完整的报道还是分阶段发布。确保所选用的报道形式与媒体的语言风格一致，保持整体报道的统一感。讨论是否通过报道形式促进读者的互动，比如留言评论、在线投票等。通过讨论报道形式，编辑团队能够选择最适合选定主题和目标读者的媒体形式，以最大程度地提升报道的表现力和传播效果。

（六）内容分工

内容分工是报道策划与会议中的重要环节，通过明确每个团队成员的专长和责任，确保报道的各个方面都能够得到充分关注和深入挖掘。以下是在内容分工的会议中可能涉及的关键方面：团队成员根据各自的专业背景和专长，确定负责报道中哪些专业领域的深入挖掘。这有助于保障报道的专业性和权威性。指定一个团队成员作为采访对象负责人，负责与采访对象的联系、安排和沟通。这有助于确保采访过程的顺利进行。确定负责文字报道的团队成员，并讨论文字报道的编辑流程和标准。这包括文风、语言风格的统一性等方面。指定团队成员负责图片的选取和排版，以及视觉元素的整合。确保图片和视觉元素能够与文字报道形成有机的整体。如果有多媒体元素，指定团队成员负责多媒体的制作和整合，确保多媒体元素能够增强报道的表现力。指定团队成员负责报道在社交媒体上的推广，包括发布、分享、互动等方面。确定负责控制整体进度和时间节点的团队成员，以确保报道能够按时完成。如果报道涉及互动元素，指定团队成员负责与读者的互动，例如留言回复、参与调查等。指定团队成员负责处理报道中可能涉及的敏感问题，确保在尊重采访对象的同时维护报道的公正性。讨论如何保障报道的内容整合和统一性，确保各个部分之间的衔接和协调。通过内容分工，编辑团队可以高效协作，充分发挥每个成员的专长，确保报道全面、深入，同时保持整体的一致性和质量。这有助于提高报道的效果和读者的满意度。

（七）时间安排

时间安排是报道策划与会议中至关重要的一环，它确保整个报道过程按照计划有序进行，保障最终的完成质量和时效性。以下是在讨论时间安排的会议中可能涉及的内容：将整个报道过程划分为不同的阶段，如选题确定、素材收集、主旨明确、采访进行、撰写阶段等。为每个阶段设定明确的截止日期，确保团队成员有足够的时间完成各项任务。这有助于避免最后时刻的紧张和质量下降。确定采访对象的时间安排，以便与采访对象协商合适的时间，确保采访能够在预定时间内完成。确保在报道完成之前留出足够的时间进行编辑和校对，以提高报道的质量和准确性。如果有图片、视频等多媒体元素，讨论制作这些元素的时间，并确保它们能够在报道发布前完成。如果报道需要在社交媒体上推广，确定推广的时间节点，以提高报道的曝光度。确保在报道发布前进行最终审查，以确保整个报道的一致性、准确性和完整性。讨论并制定紧急处理计划，以应对可能的意外情况或延误，确保整个过程仍能够在有限时间内完成。确定团队成员之间的沟通和协调时间，以便在整个过程中保持信息畅通和团队协作。讨论报道发布后的后续跟进计划，包括读者反馈收集、数据分析等，以便及时调整和改进。通过合理的时间安排，编辑团队能够在整个报道过程中保持高效的协作，确保报道按计划完成，并在发布时具有最佳的质量和影响力。

（八）风险评估

风险评估是报道策划与会议中至关重要的一部分，它有助于编辑团队提前识别可能遇到的挑战和问题，并制定有效的解决方案。以下是在风险评估的会议中可能涉及的内容：讨论选定选题可能面临的风险，如选题不受读者关注、选题时效性不足等。制定备选选题计划以应对可能的变化。考虑采访对象可能会面临的难度，例如拒绝采访、信息保密等。制定应对计划，可能包括寻找替代采访对象或采用其他获取信息的途径。讨论可能会面临的素材收集困难，例如获取相关文件或图像。制定解决方案，可能包括调整采集方式或寻找其他来源。考虑整个报道过程可能受到的时间压力，例如紧急事件的发生或截稿时间的变化。制定应对计划，可能包括调整时间安排或增加团队协作。如果报道涉及多媒体元素，讨论可能出现的制作问题，如技术难题或资源不足。制定解决方案，可能包括寻找专业支持或简化多媒体元素的使用。讨论可能遇到的社交媒体反馈，包括负面评论或误导信息的传播。制定应对计划，可能包括建立有效的社交媒体管理策略。考虑可能发生的意外事件，如技术故障、自然灾害等。制定应急计划，可能包括备份系统或灾难恢复方案。讨论可能涉及的法律和伦理问题，确保报道的合法性和道德性。制定合规的行为准则，可能包括法律咨询或伦理培训。考虑读者可能对报道产生的理解偏差，如误解或误导。制定解决方案，可能包括明确的说明或提供更多的背景信息。讨论可能发生的团队协作问题，如沟通不畅或责任分工不清。制定改进团队协作的方案，可能包括定期团队会议或协作工具的使用。通过对可能风险的提前评估和制定解决方案，编辑团队可以更好地应对挑战，确保报道的顺利进行和最终成功发布。

（九）计划调整

计划调整是报道策划与会议中的灵活性和适应性体现，有助于编辑团队应对新的信息或问题，确保报道的成功进行。以下是在计划调整的会议中可能涉及的关键方面：如果会议中出现出新的重要信息，编辑团队需要讨论如何及时整合这些信息到报道中。这可能涉及到调整主题、修改采访计划或重新评估报道的重点。如果会议中出现突发事件或紧急状况，编辑团队需要讨论如何调整计划以应对这些情况。可能需要重新安排采访、加大资源投入或调整发布时间。如果团队协作出现问题或需要调整，讨论如何重新分工、加强沟通，以确保整个团队能够高效协作。如果会议中发现原有的时间安排存在问题，编辑团队需要讨论如何灵活地调整整体进度，确保能够按时完成报道。如果会议中发现多媒体元素需要修改或调整，编辑团队需要讨论如何迅速作出改变，以保持报道的完整性和吸引力。如果会议中出现新的社交媒体策略或需要对原有策略进行调整，编辑团队需要讨论如何迅速适应这些变化，以最大化报道的传播效果。如果会议中发现潜在的风险或问题，编辑团队需要讨论如何调整风险应对策略，确保能够及时解决潜在问题。如果会议中收到了读者的反馈，讨论如何调整报道以更好地满足读者的需求和期望。如果会议中发现紧急处理计划需要更新，编辑团队需要讨论如何及时调整计划，确保在紧急情况下能够迅速做出反应。通过在会议中进行计划调整的讨论，编辑团队可以更好地适应变化，确保报道的质量和时效性。这种灵活性和适应性是新闻编辑团队成功的关键之一。

通过策划与会议，编辑团队能够确保整个报道过程有条不紊、有组织，每个团队成员都明确自己的任务和责任。这有助于提高报道的效率和质量，确保最终呈现给读者的是一篇信息完备、内容丰富的报道。

三、采访与研究

在采访与研究阶段，编辑团队致力于深入挖掘选题，通过与关键人物的采访以及资料的搜集和研究，确保报道具有全面性和准确性。以下是在这一阶段可能涉及的关键步骤：

（一）采访计划制定

采访计划的制定是确保采访过程有序进行的关键步骤。以下是在制定采访计划时可能涉及的关键方面：明确采访的目的是什么，是为了获取某个事件的详细信息，还是为了听取专家的意见和观点。确定需要采访的人物或机构，包括专家、当事人、目击者等，以确保各方面的信息都能够涵盖。设计具体、明确的采访问题，确保问题能够引导被采访者提供详细和有用的信息。确定采访的时间和地点，以便与被采访者协商并安排合适的安排。确保时间地点对被采访者方便，并考虑可能的环境因素。确定采访的方式，是面对面采访、电话采访还是在线采访。这取决于采访对象的位置和可用性。考虑可能出现的变数，制定备选计划，以应对突发情况或采访计划的变更。如果有多名记者参与采访，确保整个团队对采访计划的理解一致，分工明确。采访计划应该具有一定的灵活性，以适应可能出现的变化。有时被采访者可能有时间调整或其他紧急情况。在制定采访计划时，要确保采访过程符合法律法规和媒体的道德准则，尊重被采访者的权益。如果采访涉及敏感信息或机密性问题，需要在采访计划中考虑并制定信息保密协议，以确保信息的合法获取和处理。通过认真制定采访计划，编辑团队可以在采访过程中保持有序、高效，并确保获取到全面且可信的信息，为后续报道的撰写提供充分的素材。

（二）专业背景研究

专业背景研究是确保编辑团队在采访中能够提出深入问题的关键步骤。

以下是在进行专业背景研究时可能涉及的关键方面：对选题进行全面了解，包括其起源、发展历程、相关事件等基本信息。这有助于编辑在采访中提出更有深度的问题。如果选题涉及特定的行业或领域，编辑需要对该行业或领域有一定的了解，包括其关键参与者、发展趋势、主要问题等。获取选题相关的背景知识，了解相关研究、文献和报道，以便能够在采访中提出更有深度的问题并理解被采访者的回答。如果选题涉及专业术语，编辑需要确保能够理解和正确使用这些术语，以便与专业人士进行深入的交流。考虑是否有其他与选题相关的事件，了解这些事件的背景，有助于编辑更全面地了解选题的各个方面。对于可能参与采访的关键人物，编辑需要了解他们的背景、经历、专业领域等信息，以便在采访中提出更有针对性的问题。了解选题所处行业或领域的当前趋势和变化，有助于编辑更好地理解选题的时效性和影响力。如果选题涉及竞争或争议，了解相关方的立场和观点，有助于编辑在采访中提出有深度的问题并处理可能的争议。通过进行专业背景研究，编辑团队能够更好地准备采访，确保能够与被采访者进行深入、有意义的交流，从而获取到更全面、准确的信息。

（三）专家采访

专家采访是确保报道专业性和深度的重要步骤。以下是在进行专家采访时可能涉及的关键方面：确定与选题相关的合适专家，这些专家应该在选题领域有丰富的经验和知识，能够为报道提供专业观点和深度分析。在进行专家采访之前，明确采访的目的是什么，确定想要从专家那里获取的具体信息和观点。在采访之前提前联系专家，说明采访目的、时间和地点，确保专家能够合作并为采访做好准备。为专家采访准备深度问题，确保问题能够引导专家提供有深度的观点和分析，而不仅仅是表面信息。确定采访的方式，是面对面采访、电话采访还是在线采访，以适应专家的时间和位置。与专家协商采访的具体时间和地点，确保能够在专家最为便利的情况下进行采访。在采访前了解专家的研究方向和立场，有助于编辑更好地理解专家的观点，并提出更具针对性的问题。在采访中尊重专家的专业知识，避免提出过于简单或基础的问题，以确保能够获取到有价值的信息。采访结束后，及时与专家联系，感谢他们的参与，并在报道完成后提供反馈，以建立良好的合作关系。如果可能，采访多位专家，以获取不同专业领域的观点，从而丰富报道的多角度性。通过专家采访，编辑团队能够为报道提供专业的见解和深度的分析，提升报道的质量和权威性。

(四) 当事人和目击者采访

当事人和目击者采访是确保报道真实性和具体性的重要步骤。以下是在进行当事人和目击者采访时可能涉及的关键方面：在进行当事人和目击者采访之前，明确采访的目的是什么，确定想要从他们那里获取的具体信息和见证。在采访过程中尊重当事人和目击者的感受，避免提问过于敏感或刺激的问题，确保采访过程舒适和尊重。提前与当事人和目击者进行沟通，说明采访目的和过程，以便他们了解并在采访中更好地合作。在采访过程中考虑当事人和目击者的隐私问题，避免提问涉及私人生活的问题，除非他们自愿分享。为采访准备具体的问题，以引导当事人和目击者提供详细、具体的事实细节，增加报道的真实性和准确性。对于可能经历创伤的当事人和目击者，要考虑心理健康因素，确保采访过程不会对其造成过度的心理压力。在采访之前了解事件的背景，以便更有针对性地提问，理解事件发展的脉络。如果可能，通过多方面的验证来确保当事人和目击者提供的信息的真实性和一致性。如果当事人和目击者要求保护身份，编辑团队需要尊重这一请求，并在报道中进行适当的匿名处理。采访结束后，对当事人和目击者表达感谢，并提供适当的支持和关怀，确保他们在采访后感到被尊重和理解。通过与当事人和目击者的深入采访，编辑团队可以为报道提供生动、具体的事实，增加报道的真实性和感染力。

(五) 文献和资料搜集

文献和资料搜集是确保报道背景丰富和信息支持充分的关键步骤。以下是在进行文献和资料搜集时可能涉及的关键方面：利用图书馆的资源，检索与选题相关的书籍、期刊和档案，获取专业、深度的信息。查阅学术期刊和研究机构发布的论文和报告，以获取最新的研究成果和专业观点。利用在线数据库，搜索与选题相关的文章、新闻报道和其他资料，确保报道的信息来源广泛而可靠。查阅政府发布的相关报告和统计数据，获取关于选题的官方信息和数据支持。检索过去的新闻报道，了解选题的历史发展和相关事件，确保报道具有全面的时间维度。访问专业网站和组织的官方网页，获取行业或领域内的权威信息和观点。查阅已有文献的参考书目和引文，找到与选题相关的其他重要文献，进行深入挖掘。在采访前对收集到的文献和资料进行整理和归纳，为采访提供充分的背景和支持性信息。对搜集到的信息进行验证，确保文献和资料的来源可靠，避免引入不准确或虚假的信息。尽可能从不同的文献和资料中获取信息，以确保报道能够从多个角度全面呈现选题。通过系统的文献和资料搜集，编辑团队可以为报道提供具有深度和广度的信息，使报道更有说服力和权威性。

（六）数据分析

数据分析对于处理涉及数据的选题至关重要。以下是在进行数据分析时可能涉及的关键方面：确定数据收集的来源和方法，可能包括调查、统计局数据、行业报告等多种途径，以确保数据的全面性和代表性。对收集到的数据进行清理和整理，处理缺失值、异常值等，确保数据的质量和准确性。根据选题的性质选择合适的统计方法，可能涉及描述统计、推论统计、回归分析等。利用图表、图形等方式对数据进行可视化，使得数据更易理解，并能够在报道中直观呈现。对数据进行趋势分析，了解选题在一定时间范围内的发展趋势，为报道提供时间维度的信息。如果有多个变量之间的关系，进行关联分析，探究变量之间的相互影响，为报道提供更深层次的解读。对分析结果进行解释，确保在报道中能够清晰、简明地呈现数据的含义，避免造成误导或误解。对数据的可靠性和有效性进行评估，考虑可能的偏差和误差，并在报道中进行说明。如果可能，与领域内的专家讨论数据分析的方法和结果，获取专业的意见和建议。如果涉及敏感数据，确保在数据分析和报道中遵循相关法规和道德准则，保护个人隐私。

通过数据分析，编辑团队能够为报道提供客观的事实依据，增强报道的说服力和可信度。

（七）实地调查

实地调查是确保报道真实性和深度的一种重要方式。以下是在进行实地调查时可能涉及的关键方面：在进行实地调查之前，明确调查的目的是什么，确定想要从实地获取的具体信息和观察。制定详细的调查计划，包括实地的时间、地点、所需工具和材料等，确保调查的有序进行。在实地调查之前，与当地居民、相关组织或权威机构进行沟通，了解当地的情况和可能的问题。在实地进行环境观察，了解选题所在地的地理、气候、人文环境等情况，为报道提供更全面的背景。与当地居民进行采访，了解他们的生活、观点和对选题的看法，获取真实的当地声音。利用实地调查收集实时的信息，了解选题在当地当前的情况和发展。如果可能，进行实地拍摄，获取图片或视频素材，为报道提供直观的视觉元素。如果有可能，与当地的专家或相关领域的从业者进行交流，获取专业观点和深度分析。在实地调查中，要重视安全问题，确保团队成员的安全，并遵循当地的法规和规定。在实地调查过程中，详细记录所见所闻，包括人物特写、采访内容、环境描述等，以便后续的报道撰写。通过实地调查，编辑团队可以亲自了解选题所在的环境，获得直观的信息和感受，为报道提供更深入和生动的内容。

（八）多方观点采访

多方观点采访是确保报道全面、公正、客观的重要步骤。以下是在进行多方观点采访时可能涉及的关键方面：在进行采访计划时，制定一个包含各方观点的采访名单，确保涵盖不同群体和利益相关者。采访与选题相关的关键人物，包括决策者、专家、当事人等，获取他们的观点和信息。与利益相关者进行采访，了解他们对选题的看法和关切点，确保报道不偏向某一特定利益群体。进行公众意见调查或采访普通公众，了解大众对选题的看法，为报道提供更广泛的观点。采访社会组织和非政府机构的代表，获取他们对选题的观点和行动，了解社会层面的反馈。采访持反对观点的人士，确保报道在呈现多方观点时不偏袒某一方。如果选题涉及跨文化或跨国范围，采访不同文化背景的人士，以获得更全球化的观点。采访可能受到较少关注的小众群体，了解他们的观点和经验，增加报道的多样性。采访相关行业和专业领域的从业者，获取专业观点和深度分析。在采访过程中要确保公正、平等对待各方，避免偏袒或歧视特定观点。通过多方观点的采访，编辑团队可以为报道提供更全面、多元的观点，确保报道具有客观性和公正性。通过精心计划的采访和深入的研究，编辑团队可以获取到丰富、多角度的信息，为后续报道的撰写提供充分的素材和依据。这一阶段的质量直接影响整个报道的深度和可信度。

四、素材整理

编辑团队会对采访和研究得到的素材进行整理。这可能包括文字、图片、视频等多种形式的素材。整理的目的是确保有序、易于管理，并能够为写作提供清晰的线索。

（一）文字素材整理

文字素材整理是编辑团队在新闻报道中的关键步骤。以下是在进行文字素材整理时可能涉及的关键方面：将采访笔录、研究文献、新闻报道等文字形式的素材按照主题、时间顺序或其他逻辑分类，建立清晰的文件夹或文档结构。根据报道的主题，将相关的文字素材整理到对应的主题文件夹中，确保每个文件夹都包含相关而有序的信息。如果报道涉及多个时间点的信息，可以按照时间顺序整理文字素材，以确保报道的时间线清晰可见。为每个文件或文档添加关键词标签，便于后续检索和筛选，提高团队成员查找信息的效率。对每个文档或采访笔录进行摘要和总结，提炼出关键信息，方便后续查阅和使用。如果素材经过多次修改和更新，进行版本控制，确保团队使用的是最新版本的文档。在文本中标注重要的信息，例如核心观点、关键数据等，以便在写作过程中能够快速引用。建立整理素材的索引，列出主题、时间、关键词等索引项，帮助团队成员更快地找到需要的信息。统一文字素材的文档格式，确保整个团队能够顺利打开和使用这些文档。定期对整理好的文字素材进行备份，防止数据丢失或损坏，保障团队对信息的持续可用性。通过这些整理步骤，编辑团队可以建立一个有序、易于管理的文字素材库，为后续的新闻报道提供了清晰而高效的信息基础。

（二）图片和视频整理

图片和视频素材的整理是确保新闻报道具有视觉吸引力和信息丰富性的关键步骤。以下是在进行图片和视频整理时可能涉及的关键方面：将采集到的图片和视频素材按照主题、场景或其他逻辑分类，建立清晰的文件夹或库存结构。为每张图片和视频添加关键信息的标注，包括地点、人物、时间等，以便在报道中引用和说明。对每个素材文件进行规范的命名和编号，以便团队成员能够快速定位和引用需要的素材。确保图片和视频的分辨率和格式符合报道的要求，以避免在后续使用过程中出现技术问题。如果有多个版本或拍摄角度的图片和视频，进行筛选，选择最佳的素材用于报道。对整理好的图片和视频素材进行备份，以防止数据丢失或损坏，确保团队始终能够使用高质量的素材。对图片和视频的质量进行检查，确保它们清晰、准确地反映了所报道的情况。确保采集到的图片和视频没有侵犯他人版权，并符合法律和道德规范。在整理时考虑如何构建视觉故事线，使图片和视频在报道中形成有力的支持。将整理好的图片和视频与文字素材相结合，确保它们共同呈现一个一致和有力的报道。通过这些整理步骤，编辑团队可以建立一个有序、高质量的图片和视频素材库，为新闻报道提供引人入胜的视觉元素。

（三）文件命名和编号

文件命名和编号是确保编辑团队能够高效管理和利用素材的重要步骤。以下是文件命名和编号的一些建议：文件名应当清晰、简洁地描述素材的内容，使团队成员在看到文件名时能够迅速理解文件包含的信息。为了方便排序和查找，可以采用有序编号。可以使用数字或字母组合，确保编号是唯一的。文件名中可以包含关键信息，如日期、地点、主题等，以便更全面地了解素材的背景。在文件名中使用下划线（_）或短横线（–）分隔单词，使文件名更易读。尽量避免在文件名中使用特殊字符，以防止在不同操作系统或平台上出现兼容性问题。如果有多个主题或类别的素材，可以在文件名中包含分类信息，便于团队成员按主题查找。如果包含日期信息，确保使用一致的日期格式，避免混淆。如果素材经过多次修改，可以在文件名中添加版本号，以便追踪和管理不同版本。确保文件名后缀（扩展名）正确，以指示文件类型。维护一个索引表，记录每个文件的编号、名称、关键信息等，帮助团队成员更快地找到需要的素材。

通过规范的文件命名和编号，编辑团队可以轻松地在素材库中定位和引用需要的素材，提高工作效率。

（四）素材标签和关键词

素材标签和关键词的添加是为了使编辑团队更便于通过搜索和筛选找到需要的素材。以下是一些建议：选择与素材内容相关的关键词。这些关键词应当是描述素材主题、内容或关键特征的单词或短语。根据素材所属的主题，添加相应的主题标签。例如，政治、科技、文化等。如果素材涉及特定时间点或时间段，添加相应的时间标签，以便按时间筛选。如果素材与特定地点相关，添加地点标签，帮助团队按地点筛选。对于包含人物的素材，可以添加相关人物的标签，以便查找与特定人物相关的素材。如果素材涉及某一事件，添加与事件相关的标签，方便按事件筛选。提取素材中的关键信息，将其作为标签，有助于快速了解素材的核心内容。如果素材涉及特定领域的专业术语，添加相应的标签，便于专业领域的检索。对整个素材内容进行综合考虑，确定一个全文标签，概括整篇素材的主题。在整个团队内建立统一的标签体系，确保标签的一致性和规范性。通过添加标签和关键词，素材库变得更易于管理和检索。编辑团队可以通过简单的关键词搜索或标签筛选，快速找到所需的素材，提高工作效率。

（五）数据库或文件夹结构

建立合理的数据库或文件夹结构是确保素材库有层次清晰的组织，使得编辑团队能够轻松找到所需素材的重要步骤。创建主题文件夹，根据不同的报道主题将素材进行分类。每个主题文件夹下可以有子文件夹，更细分相关的内容。在每个主题文件夹下，按时间顺序创建子文件夹，将素材按照采集或发生的时间进行排序，便于按时间线查看。如果报道涉及多个地点，可以在主题文件夹下创建地点文件夹，将素材按照地点进行分类。根据素材的类型（文字、图片、视频等），创建相应的文件夹，以便区分不同类型的素材。在素材库的根目录或每个主题文件夹下创建索引文件，记录各个文件夹的内容概要，帮助团队快速定位需要的素材。如果素材涉及多个版本，可以设立一个版本控制文件夹，存放各个版本的素材，确保版本管理的清晰。建立一个备份文件夹，定期将整个素材库或关键文件夹进行备份，防止数据丢失。如果需要，设置文件夹的权限，确保只有授权人员能够访问和修改特定文件夹内的素材。对于数字化的素材库，使用全局搜索功能，以便在整个库中快速查找特定的素材。定期进行整理，删除不再需要的素材，更新索引文件，确保整个素材库保持有序和高效。通过这些组织结构的建立，编辑团队可以更加高效地管理和利用素材库，提高工作效率。

（六）元数据记录

元数据记录对于追溯素材的可信度和权威性起着关键作用。以下是一些建议：记录每个素材的采集时间，包括具体的日期和时间。这有助于了解素材的时效性和是否与其他事件有关。记录素材的来源，包括媒体机构、个人、社交媒体平台等。不同来源可能对素材的可信度产生影响。如果素材有具体的作者或制作者，记录相关信息。这可以帮助追踪素材的创作者和可能的立场。如果素材与特定地点相关，记录地点信息。这有助于了解素材的背景和地域特点。记录素材的版权信息，确保在使用和引用素材时遵循相关的法规和规定。将素材的关键词作为元数据记录，方便进行快速搜索和分类。记录素材的文件格式，以确保在使用时能够兼容和正常显示。如果使用了特定的采集工具或平台，记录相关信息。这有助于了解素材的获取途径和可能的筛选偏向。提供对素材的简要描述，包括主题、内容概要等。这有助于团队成员在浏览元数据时迅速了解素材的核心信息。如果素材经过审核或验证，记录审核的结果和相关信息。这有助于判断素材的可信度和真实性。记录素材的采集状态，例如是否已经完整采集，是否需要进一步核实等。通过详细的元数据记录，编辑团队可以在后续的报道过程中更好地管理和运用素材，提高报道的可信度和质量。

（七）素材筛选和筛查

素材筛选和筛查是确保使用的素材质量高、相关性强的关键步骤。以下是一些建议：制定清晰的筛选标准，根据报道的主题和目的确定何种素材是相关的，何种是无关的。检查素材库，排除重复的信息。确保每个信息在素材库中只出现一次，避免对报道产生混淆。对素材的时效性进行检查，排除那些已经过时或不再具有新闻价值的信息。考虑素材的来源可信度，优先选择来自权威媒体、专业机构或可靠个人的信息。确保选用的素材与报道主题直接相关，避免无关信息的混入。确保素材中的信息是完整的，避免选用只有片段信息或缺乏背景的素材。对于涉及事件或陈述事实的素材，进行真实性核查，确保其准确性和可靠性。确保素材的采集和使用符合法律法规，避免使用侵犯隐私或侵权的信息。尽量从不同的来源获取相同或相似的信息，以提高信息的可信度。从大量的素材中提炼出关键信息，确保报道的焦点清晰，避免信息过载。在团队内部进行讨论，对于存在争议或不确定的素材进行共同决策。记录筛选过程中的决策和原因，以备后续参考和核查。通过系统的素材筛选和筛查，编辑团队可以确保使用的素材符合高质量新闻报道的要求，提高报道的可信度和说服力。

（八）提取关键信息

提取关键信息是整理素材的重要步骤，有助于形成报道的核心内容。以下是一些建议：确认报道的主题，并提取关键点，明确报道要传达的核心信息。提取与时事相关的信息，确保报道具有时效性，能够吸引读者关注。从采访中提取关键人物的观点和言论，为报道增加权威性和深度。提取涉及事件的事实细节，确保报道的准确性和客观性。从研究中提取相关背景信息，为读者提供全面的了解和背景认知。确保提取多方观点，以呈现一个更全面、多角度的报道。选取能够引人入胜的信息，提高报道的吸引力和阅读体验。对于重要的信息，确保有足够的引证和支持，增强报道的可信度。如果有相关的图片或视频素材，提取其中的关键画面，以图文互动的方式呈现信息。确保提取的信息言之有物，用简练生动的语言表达，增加读者的共鸣感。将提取的信息按照层次分明的结构组织，确保报道的逻辑性和结构清晰。对提取的关键信息进行总结，形成核心信息的摘要，为写作提供清晰的指导。通过提取关键信息，编辑团队能够更好地理清素材，确保报道的焦点明确，内容丰富而有深度。通过精心的素材整理，编辑团队可以更加高效地利用丰富的素材资源，确保报道具有深度和全面性。

五、撰写初稿

撰写初稿是整个报道过程中的一个关键环节。根据之前确定的报道框架，将整理好的素材有机地组合起来，确保报道的结构清晰有序。在开篇部分，使用引人入胜的语言吸引读者，概括报道的核心信息，激发读者的兴趣。确保各个段落之间有良好的逻辑衔接，使报道的思路更加流畅，读者能够顺利跟随。将核心信息放在报道的重点位置，确保读者在浏览时能够迅速获取到最重要的内容。使用生动而具体的语言表达，使报道更具吸引力，读者更容易产生共鸣。如果有相关的图片、视频等素材，适时地嵌入报道中，以提升报道的多样性和互动性。引用观点和数据时要审慎，确保信息的准确性和可信度，标注清楚引用来源。优化语言表达，确保用词准确简练，提高报道的可读性。控制报道的篇幅，不过多涉及无关紧要的信息，保持内容的紧凑性。完成初稿后进行内部审查，团队成员对内容、语言进行反馈和修正，确保初稿质量。如果可能，向外部人士或相关专业人士征集意见和反馈，获取更多视角和改进建议。撰写初稿是一个渐进的过程，经过多轮修改和完善，确保最终稿件质量达到最佳状态。这些建议有助于确保初稿的质量和专业性。在撰写过程中，保持灵活性，随时调整和改进，以适应报道的需要。

六、编辑与审查

在编辑与审查阶段，团队会致力于提高报道的质量和专业水平。仔细审查报道的语言表达，确保用词准确、简练。优化句子结构，使得报道更加通顺和易读。确保报道的逻辑结构清晰，各部分之间有明确的衔接。逻辑清晰有助于读者更好地理解报道的内容。确认报道是否符合媒体的编辑标准，包括格式、风格和道德规范。确保报道的发布是符合媒体伦理的。对报道中的事实进行验证，确保准确无误。如有需要，与采访对象再次联系以核实信息。确保报道具有专业性，尤其是在物理化学等专业领域的报道。专业性可以通过确保使用正确的专业术语、理论基础的准确描述等方面体现。考虑报道的受众，确保信息能够满足他们的需求和兴趣。保持读者导向有助于提高报道的吸引力。编辑和审查过程应该是一个团队协作的过程。确保团队成员之间的有效沟通，共同努力提高报道的质量。设立反馈机制，使得编辑和审查过程可以反复进行，不断改进和优化报道。吸收团队成员的建议和意见，使得报道更加完善。通过这些措施，编辑团队可以确保报道在语言、逻辑、事实准确性和专业性等方面都达到较高的水平，为读者提供有价值的信息。

七、多媒体要素的整合

选择的多媒体要素应与报道的主题密切相关，能够为读者提供更直观、生动的视觉体验。确保它们在整体报道中有机地融入。多媒体要素应该是信息的补充，而不是简单的重复。图片和视频可以呈现文字难以表达的场景或细节，为读者提供更全面的理解。在整合多媒体要素时，注意版面的平衡和美感。确保文字和图片、视频之间的排版和布局协调，使整体报道看起来有条不紊。确保所使用的多媒体要素具有合法性和版权合规性。遵循相关法规，尊重他人的知识产权。考虑读者使用不同终端设备的情况，确保多媒体要素在各种设备上都能良好呈现。适应性强的多媒体元素可以提高报道的可访问性。如果可能，添加一些交互性的多媒体要素，例如可缩放的地图、滑动图册等，以提高读者的参与感。使用多媒体要素来引导读者的阅读，使其更愿意深入了解报道。可以通过引导性的标题、图注等手段来吸引读者的注意。考虑使用不同形式的多媒体要素，如图表、动画等，以更灵活地呈现信息，满足不同读者的阅读偏好。整合多媒体要素是提高报道吸引力和信息传达效果的有效手段，但需要谨慎使用，确保它们与文字内容协调一致，共同为读者提供有价值的阅读体验。

八、最终定稿

确保报道中的所有事实都经过严格的核实。对于引用的数据、引文或统计数字，要确认其准确性并注明来源。进行仔细的语法和拼写检查，确保报道中没有错误。可以借助拼写和语法检查工具，但也要仔细人工检查，以确保准确性。检查报道的逻辑结构是否清晰，各个段落之间是否有合理的过渡。确保整体的报道结构有助于读者理解。确保整篇报道在用词、风格、语气上保持一致。这有助于提高报道的专业性和可读性。如果报道包含引用或参考文献，确保引文格式符合规范。检查报道的排版和格式，确保各个部分的字号、字距、行距等符合要求。确保图片和图表的位置正确。确保整篇报道符合所在媒体的编辑标准和政策，包括政治正确性、道德规范等。请至少两名编辑独立进行最终审查，以确保遗漏的错误得到纠正。

最好由具有不同视角的编辑进行审查，以确保全面性。确保报道中的内容不侵犯他人的权利，并符合相关法规。这一点在报道涉及引用、使用图片等情况下尤为重要。如果可能，考虑向一些目标读者征求反馈。他们的观点可能有助于发现一些内部团队可能忽略的问题。最终定稿是一篇报道的精华，是对整个编辑过程的总结和巅峰。确保在这个阶段投入足够的时间和精力，以产出高质量的新闻报道。

九、排版与发布

设计师应该根据报道的内容和媒体的风格进行排版设计。确保文字、图片、图表等元素的布局整齐有序，以提高可读性。选择合适的字体，确保在不同设备上都能清晰可读。字体大小、颜色和样式也需要谨慎选择，以保持一致性。使用合适的配色方案，与媒体的整体风格相符。避免使用刺眼或令人不适的颜色。在排版中融入多媒体元素，如图片、图表、视频等，以丰富报道的形式。确保这些元素与文字内容相协调。确保排版是响应式的，可以适应不同屏幕尺寸和设备。这有助于提供更好的用户体验。设置清晰的页面结构，包括标题、副标题、正文、图片插图、引用内容等，以帮助读者更容易地浏览和理解报道。如果是数字媒体，考虑添加一些交互元素，如超链接、按钮等，以提高读者的参与度。在发布之前进行排版的预览和测试。确保在不同浏览器和设备上都能够正常显示。制定发布计划，考虑最佳的发布时间，以确保报道能够在高峰时段获得更多关注。如果适用，确保报道能够在社交媒体上分享。在报道中集成社交分享按钮，以便读者方便地分享到他们的社交网络。在发布后监测报道的表现，并收集读者的反馈。这有助于了解报道的受欢迎程度，并在将来的报道中做出改进。排版与发布是报道生命周期的最后阶段，成功的发布需要编辑、设计师和技术团队的密切合作，以确保报道在各个方面都达到最佳状态。

第三节　编辑决策与优先级

编辑决策与优先级是新闻编辑过程中至关重要的一环。这包括编辑团队在面临各种选择和任务时的决策过程，以及确定报道中各部分的优先级。

一、新闻价值评估

新闻的新颖性、独特性以及对读者产生的影响是评估新闻价值的关键因素。编辑团队在做出决策时，应该对选题进行深入分析，考虑以下几个方面：时效性是新闻的基本要素之一。选择与当前热点事件、社会趋势相关的主题，确保报道的时效性，能够吸引读者的关注。考虑选题对社会、群体或个体产生的实际影响。报道具有积极影响或引起社会关注的主题，通常更具有新闻价值。确保选题在市场上相对独特，有别于其他媒体的报道。独特的视角或深度分析能够吸引读者，使报道更具吸引力。评估选题在社会上的关注度和公共议论程度。选择能够引起广泛共鸣和关注的主题，有助于提升报道的新闻价值。理解目标读者的兴趣和需求，选择符合他们关注点的主题。确保报道能够满足读者的期望，提高阅读体验。在选题上考虑多角度，确保报道不仅有深度，还有广度。综合不同观点和信息，使报道更全面。编辑团队通过综合考虑这些因素，可以更全面地评估选题的新闻价值，为报道的成功打下坚实基础。

二、目标读者定位

对目标读者进行详细的调研和分析，了解他们的年龄、性别、职业、兴趣爱好等方面的信息。这有助于更准确地把握读者群体的特点。确保选题和报道内容与目标读者的关注点密切相关。理解他们关心的问题，选择能够引起他们兴趣的主题，提高报道的吸引力。考虑目标读者的阅读习惯和媒体消费行为。例如，如果目标读者更倾向于在线阅读，编辑团队可以更多地关注数字化报道形式。根据目标读者的多样性，提供个性化的内容。考虑不同年龄段、职业背景、兴趣爱好的读者，确保报道能够迎合不同群体的需求。保持与读者的良好互动，倾听他们的反馈和建议。这有助于及时调整编辑策略，更好地满足读者的期望。通过明确目标读者群体，编辑团队能够更有针对性地进行编辑决策，提高报道的针对性和吸引力。

三、社会责任考虑

选择报道与社会问题相关的主题，关注人们关心的议题，以推动社会对重要问题的认知和思考。确保报道能够促进不同群体之间的理解和沟通。选择具有平衡观点和多元声音的主题，有助于减少误解和分歧。选择能够激发读者参与和行动的主题。通过报道呼吁社会参与，推动公众对重要事务的积极参与。确保报道符合公共利益，有助于社会的整体利益和进步。避免报道过于个人化或主题狭隘化，而是关注更广泛的社会层面。在编辑决策中保持高度的道德标准，避免制造虚假信息或歪曲事实。确保报道的真实性和可信度。通过考虑社会责任，媒体能够更好地履行其在社会中的角色，为公众提供有益信息，推动社会的积极变革。

四、多元化和平衡

多元化和平衡是编辑决策中的重要原则。通过确保主题和报道的多元化，编辑团队能够考虑不同群体的兴趣和需求，选择涵盖各种主题，以吸引更广泛的读者群体。这有助于媒体扩大影响力并提高读者的参与度。他们可以选择涉及不同文化、背景和观点的主题,以反映社会的多样性。这有助于避免主观偏见,并使报道更具全球视野。在报道中保持平衡,不偏袒某一方面或观点。确保呈现多个角度,以促进读者更全面、客观地了解事件或主题。通过选择不同层面和维度的主题,增加报道的深度。深入挖掘不同方面的信息有助于提供更全面的报道。避免报道过于集中在特定领域或主题上,以防止信息片面性。通过多元化的报道,读者能够获取更全面的信息。通过遵循多元化和平衡原则,编辑团队可以确保媒体内容更具吸引力、全面性和客观性,从而满足不同读者的需求和期望。

五、资源优化

资源优化是编辑决策中至关重要的考虑因素。通过合理分配和优化利用资源,编辑团队能够实现以下目标:确保编辑团队的时间和人力资源得到充分利用,以高效执行编辑任务。这有助于按时完成报道,提高工作效率。考虑到技术资源,确保编辑团队能够充分利用现代技术工具和平台,以提高报道的质量和互动性。确保编辑团队成员根据各自的专长和技能得到最优化的分配,以发挥每个人的优势。避免资源过度使用,防止编辑团队面临疲劳和任务过载的情况。合理安排任务和轮班,以维护团队的工作舒适度。在决策中考虑成本效益,以最小的成本获取最大的效益。这可以包括有效使用软件工具、云服务等。在资源优化的框架下,保持足够的灵活性,以适应任务的变化和新的挑战。通过资源优化,编辑团队能够更好地应对各种挑战,提高工作效率,并确保报道的质量和时效性。

六、紧急性与深度

对于需要迅速传达的新闻,确保编辑团队能够在最短的时间内发布关键信息。这可能涉及到紧急新闻推送、即时报道等,以吸引读者的关注。

对于更深度的报道，编辑团队可以在紧急信息传递后，花费更多的时间来搜集、分析和整理更全面、深入的信息。这种深度报道可以通过专题特稿、调查报告等形式呈现。在编辑决策中，要平衡紧急性和深度，确保即时信息传递的同时，不失去对事件或主题更全面、深入的解读。这可能需要设定明确的截稿时间，以确保紧急性报道和深度报道都能得到适当的关注。保持灵活性，根据事件的性质和重要性调整紧急性与深度的优先级。一些事件可能需要更迅速的反应，而另一些可能更适合深度挖掘。在社交媒体等平台上，可以使用快速传播的方式进行紧急性报道，而在新闻网站或报纸上，可以提供更深度的报道。通过合理权衡紧急性和深度，编辑团队能够为读者提供及时且丰富的信息，满足不同读者的需求。

七、关键信息突出

在编辑决策阶段，编辑团队要明确报道的核心信息是什么。这可以通过审视选题、主旨和报道目的来确定。核心信息通常是新闻的关键要素，是读者最关心的内容。确保新闻标题能够准确、简洁地传达核心信息。标题是读者首先接触到的内容，应当能够引起兴趣并概括报道的要点。在报道开篇，通过清晰而引人入胜的叙述引导读者进入核心信息。直截了当地呈现关键要点。在文章结构中，将核心信息放置在重要位置，确保读者在阅读过程中能够迅速获取到关键内容。可以采用信息层级的方式，让核心信息在整篇报道中占据重要位置。如果可能，通过图片、图表等多媒体要素的搭配，突出核心信息。视觉元素能够更直观地传达信息，增强读者的理解和记忆。在报道的结尾部分，通过总结或强调再次突显核心信息，以确保读者在阅读完整篇报道后仍能记住关键要点。遵循编辑标准，确保语言简练、准确，有助于信息的清晰传达。删除冗余信息，专注于关键内容。通过这些方式，编辑团队可以确保报道的核心信息得到突出，提高读者对关键要点的理解和记忆。

八、与时俱进

设置实时监测机制，关注新闻源、社交媒体和其他信息渠道，及时捕捉到当前事件和趋势。当有新的重要信息或热点事件发生时，编辑团队应该能够迅速做出反应。调整报道计划，优先处理当前热门话题。保持灵活性，随时准备进行编辑决策的调整。有可能需要修改报道的主题、角度或重点，以适应新的情况。发展编辑团队的敏锐观察力，能够在事件初期发现新的趋势和线索。这有助于提前规划和准备相关报道。当某一主题成为热点时，编辑团队可以考虑深度挖掘，提供更为全面和深刻的报道。这有助于吸引读者并提升报道的价值。对于突发事件或危机情况，编辑团队需要迅速制定应对策略，确保新闻报道的准确性和及时性。除了报道新闻，编辑团队可以考虑添加时事评论，分析事件的影响和可能的发展趋势，为读者提供更深层次的理解。积极参与社交媒体，了解公众的反馈和讨论。这可以为编辑团队提供更多洞察，指导编辑决策的方向。通过与时俱进，编辑团队能够更好地适应快速变化的新闻环境，保持报道的新颖性和时效性，提高媒体的竞争力。

九、读者反馈倾听

读者反馈是一种宝贵的资源，应该得到认真倾听和利用。确保媒体有明确的反馈渠道，例如网站上的评论区、社交媒体平台、电子邮件等。让读者能够方便地提供意见和建议。对读者反馈进行定期分析，挖掘其中的共性问题和关注点。这有助于了解读者的期望和需求。积极回应读者的反馈，无论是正面的肯定还是负面的批评。建立良好的互动关系，表现出对读者的尊重和重视。根据读者的反馈，考虑对报道进行必要的调整。这可能涉及到主题的选择、深度报道的增加或减少等方面。在某些情况下，可以考虑进行主题投票，让读者参与决定下一篇报道的主题。这不仅增加了读者参与感，也提供了有针对性的反馈。针对特定主题或专题，收集读者的深度反馈。这有助于评估报道的质量和深度，为类似主题的未来报道提供指导。如果读者反馈涉及到媒体网站或应用的使用体验，考虑对技术和界面进行改进，以提高用户友好性。举办读者参与的活动，例如线上论坛、讨论会等，深入了解读者的需求和观点。通过持续倾听读者的声音，编辑团队能够更好地理解受众，提供更符合读者期待的报道，增强媒体的亲和力和影响力。

十、技术支持

使用数据分析工具来追踪报道的阅读量、点击率、分享次数等指标。通过分析这些数据，编辑团队可以了解哪些主题受到了更多关注，哪些报道形式更受欢迎，从而调整编辑策略。利用社交媒体监测工具来追踪用户在社交媒体上对报道的评论和分享。这可以帮助编辑了解报道在社交媒体上的传播效果，同时也是获取实时反馈的重要途径。利用人工智能技术，如自然语言处理，来分析读者的评论和反馈。这可以帮助编辑快速了解读者的情感倾向和关注点，以便更好地满足他们的期望。在编辑决策中考虑搜索引擎优化，以提高报道在搜索引擎中的排名。这有助于吸引更多的读者，特别是通过搜索引擎寻找相关信息的读者。对于涉及时事的报道，确保报道能够及时更新，反映最新的情况。这可以通过实时数据更新的技术支持来实现，保持报道的时效性。确保报道在移动端设备上的良好表现。大多数读者使用移动设备来获取新闻，因此在编辑决策中考虑移动端的用户体验至关重要。利用多种渠道发布报道，包括网站、社交媒体、电子邮件通讯等。确保报道能够覆盖更广泛的受众。通过合理利用技术工具，编辑团队能够更精准地把握读者的需求和市场趋势，提高报道的质量和影响力。在编辑决策与优先级的过程中，灵活性、敏感性和高效性都是关键因素。编辑团队需要不断学习和适应，确保在不断变化的新闻环境中取得最佳效果。

第四节　多媒体时代的新闻生产

一、跨平台报道

在多媒体时代，跨平台报道是确保新闻内容更广泛传播的关键之一。编辑团队在跨平台报道时需要考虑以下几个方面：不同平台的用户有不同的阅读和观看习惯，因此编辑团队需要调整内容的呈现方式。在网站上可能需要更多的文字和图片，而在社交媒体上可能需要更加简洁而引人注目的标题和图像。利用各种多媒体元素，如图像、视频、音频等，以丰富报道形式。在社交媒体上可能更注重图像和短视频的传播，而在网站上可以更深入地使用长篇文章或专题报道。同平台的更新速度也有所不同，编辑团队需要合理安排发布时间，确保及时性。社交媒体上可能需要更频繁的更新，而网站上可能更注重深度和长效性的内容。利用平台的互动功能，与受众建立更直接的联系。社交媒体上的留言、点赞和分享是与读者互动的有效途径，而网站可能通过评论区和在线投票等方式实现互动。深入了解不同平台的特性和算法，以更好地利用它们的优势。例如，搜索引擎优化在网站报道中很重要，而社交媒体上可能更需要关注热门话题和趋势。使用一体化的管理工具或内容管理系统，以便更高效地在不同平台上管理和发布内容。这有助于确保一致性和协同工作。考虑用户在不同平台上的定制化体验，为其提供符合其期望和需求的内容。这可能包括特定平台上的专属报道或互动活动。通过合理运用跨平台报道的策略，编辑团队可以更好地适应多媒体时代的新闻传播环境，提高报道的可见性和影响力。

二、视频报道

精心选择适合视频报道的主题。一些新闻更适合通过图像和声音来展现。进行专业的采访和拍摄工作。确保画面清晰，声音质量好，采集到生动、真实的素材。选择合适的拍摄场景，以更好地传达新闻信息。利用专业的视频编辑软件，对采集到的素材进行剪辑和后期制作，这包括添加标题、过渡效果、音乐等，以提高视频的质感和吸引力。注意视频的时长和节奏，确保在受众的接受范围内。短视频可能更适合在社交媒体上传播，而长篇视频可以用于网站或特定的视频平台。考虑不同平台对视频的要求和适应性。一些平台可能对竖屏视频更友好，而其他平台可能更适合横屏视频。适配不同平台的视频格式和大小。恰当地使用配乐和音效，以增强视频的情感共鸣。音乐和声音效果是视频报道中重要的元素，能够更好地传达情感和氛围。在视频中加入互动元素，例如弹幕、投票等，以提高用户参与度。社交媒体平台上的互动功能可以增强用户与视频内容的互动性。制定合适的分享和推广策略，将视频内容传播到更广泛的受众。社交媒体的分享和转发是视频报道传播的重要途径。通过专业的视频报道，编辑团队可以更生动地呈现新闻，提高受众的关注度和参与度。视频在多媒体时代是一种强大的传播工具，能够更全面地展现新闻事件的真实面貌。

三、社交媒体互动

对于读者在社交媒体上的评论和反馈，及时给予回应。这可以增加读者的参与感，建立起良好的互动关系。利用社交媒体的投票功能或提问功能，邀请读者参与讨论。这不仅提高了互动性，还能够获取读者的意见和观点。在社交媒体上分享新闻报道的幕后故事、采访花絮等内容，让读者更深入地了解新闻制作的过程，增加互动的深度。举办互动活动，如抽奖、问答等，以吸引读者的参与。这样的活动可以增加关注度，同时提高品牌知名度。鼓励用户生成内容，例如分享自己的看法、照片或相关经验。在报道中引用用户的内容也是一种增加互动性的方式。关注社交媒体的热点和趋势，及时参与相关话题的讨论。这有助于提高新闻在社交媒体上的曝光度。针对不同的社交媒体平台和用户群体，个性化地进行互动。了解每个平台的特点，制定相应的互动策略。设立固定的时间进行互动活动，例如每周的问答环节或主题讨论。这有助于培养读者的习惯性参与。通过有效的社交媒体互动，编辑团队可以拉近与读者的距离，建立更紧密的联系。读者参与感的提高不仅能够促进新闻的传播，还有助于编辑团队更好地了解读者需求和反馈。

四、数据新闻

确保获取到可靠的数据来源。这可能涉及到从官方统计局、行业报告、调查数据等多方面搜集数据。数据往往需要进行清理和整理，以确保准确性。删除重复项、处理缺失数据，确保数据的完整性和可靠性。掌握使用专业的数据分析工具。这些工具能够帮助编辑团队更深入地挖掘数据的信息。将数据以可视化的方式呈现，如图表、地图、图形等。这有助于读者更直观地理解复杂的数据信息。不仅提供数据的表面信息，还需要进行深度解读。编辑团队应该能够分析数据背后的趋势、关联性，为读者提供更深层次的理解。将数据融入新闻故事中，以更生动的方式向读者传递信息。故事化的数据报道更容易引起读者的兴趣。对于涉及实时信息的新闻，编辑团队应该能够实时更新数据，并及时反映在报道中，保持新闻的时效性。在数据新闻中增加互动性，让读者能够自行探索数据。例如，提供交互式图表或工具，让读者根据兴趣自定义数据的呈现方式。注意处理敏感数据时的隐私和法规问题，确保在报道中遵循相关法规和道德准则。针对数据新闻的要求，编辑团队可能需要培训成员，使其具备数据分析和可视化的基本能力。通过有效的数据新闻报道，编辑团队可以为读者提供更全面、深度的信息，同时提高报道的说服力和可信度。

五、移动新闻应用

确保新闻应用具有响应式设计，能够适应不同尺寸和类型的移动设备，包括手机和平板电脑。设计直观、简洁的用户界面，使用户能够轻松浏览新闻内容。考虑到手机屏幕有限的空间，需要确保信息呈现清晰，操作简便。提供定制的推送通知服务，让用户能够及时获取重要新闻和个性化内容推荐。这有助于增加用户留存和互动。提供离线阅读功能，允许用户在没有网络连接的情况下访问已下载的新闻内容，提高用户体验。利用算法和用户数据，为用户提供个性化的新闻推荐，增加用户黏性。移动新闻应用应该支持多媒体内容，包括图片、视频和音频，以满足用户对多样化信息的需求。集成社交分享功能，让用户能够方便地通过社交媒体分享感兴趣的新闻，扩大新闻的传播范围。优化应用的加载速度，确保新闻能够快速加载，提高用户体验。确保用户数据的安全性和隐私，遵循相关的隐私政策和法规。设置用户反馈通道，收集用户意见和建议，及时调整和改进应用。如果应用包含广告，确保广告不影响用户体验，可以考虑使用更友好和不打扰的广告形式。考虑到用户可能使用不同的操作系统，确保应用在主流操作系统上的兼容性。通过精心设计和不断优化移动新闻应用，编辑团队可以提供更贴近用户需求的新闻体验，提高用户留存率和满意度。

六、用户生成内容

主动参与社交媒体平台，与读者建立互动。回复评论、点赞粉丝的内容，展示对用户参与的重视。利用在线调查和投票工具，邀请读者表达对特定主题或新闻的看法。这有助于了解读者观点，同时搜集用户生成的数据。管理新闻网站或社交媒体上的评论区，积极回应读者的评论和反馈。建立友好的互动氛围，激发用户生成内容的积极性。鼓励读者分享与新闻相关的个人故事或经历。这可以通过特定的活动、主题征集，或是在社交媒体上发起话题进行。邀请读者分享与新闻相关的照片和视频。可以通过专门的平台或社交媒体渠道收集，展示读者在事件中的视角。创建读者专栏或接受读者的投稿，让他们有机会分享自己的见解和观点。这不仅增加了内容的多样性，还促进了读者与媒体的互动。组织线上活动，如网络讨论会、直播互动等，邀请读者参与。这有助于直接与受众互动，激发用户生成内容。举办用户生成内容比赛，鼓励读者通过照片、视频、文字等形式表达对新闻的理解和看法。提供奖励以增加参与度。在社交媒体上引导有趣、有深度的话题讨论，鼓励读者参与，形成有价值的用户生成内容。使用社交媒体上的标签和互动功能，让读者更容易分享和参与，同时扩大新闻的传播范围。通过积极引导和管理用户生成的内容，编辑团队可以与读者建立更紧密的联系，提高新闻的社交化和参与度，同时丰富报道的多样性。

七、新技术的整合

利用自然语言处理和机器学习等人工智能技术，辅助编辑团队进行信息筛选、内容生成和语法检查。这有助于提高报道的效率和质量。探索并使用自动化报道工具，能够在特定领域生成简单的新闻报道。这样的工具可以在快速传递基础信息的同时，释放编辑团队更多时间用于深度报道和分析。利用虚拟现实（VR）和增强现实（AR）技术，创造更生动的新闻体验。例如，通过 VR 报道带读者亲临事件现场的感觉，或通过 AR 图表和图形展示更生动的数据解释。利用实时数据分析工具，监测新闻报道的反馈和传播效果。这有助于编辑团队更灵活地调整报道策略，关注受众兴趣和社交媒体趋势。使用区块链确保新闻内容的透明度和可信度。通过区块链记录新闻的来源和修改历史，增强读者对新闻真实性的信任感。利用智能算法，根据读者的兴趣和历史阅读行为，提供个性化的新闻推送。这有助于提高用户留存和参与度。利用云计算和协作工具，实现编辑团队的远程协作和实时编辑。这提高了团队的灵活性和工作效率。制作优质的移动新闻应用，结合推送技术，及时推送重要新闻，提高用户在移动端的新闻获取体验。利用语音识别技术，实现新闻的语音播报和搜索。这使得用户可以通过语音方式获取新闻信息。利用社交媒体挖掘工具，了解社交媒体上关于特定话题的热点和趋势，从而更好地把握受众的关注点。通过整合这些新技术，编辑团队能够更好地适应多媒体时代的新闻生产要求，提高工作效率和新闻报道的创新性。多媒体时代的新闻生产是一个不断演进的过程，成功的新闻团队需要灵活应对这些变化，不断学习和采用新技术，以保持在竞争激烈的媒体环境中的竞争力。

第三章　新闻传播渠道

第一节　传统媒体

新闻传统媒体传播是指新闻通过传统的媒体渠道传递给大众的过程，主要包括报纸、广播和电视。这些传统媒体形式在信息传播中起到了关键作用。

一、报纸

报纸在新闻传播领域有着丰富的历史。它通过文字和图像为读者提供全面的信息，不仅报道新闻事件，还包括社论、专栏、文化评论等内容。报纸的特点之一是提供深度报道，可以对事件进行更为详尽的解读，为读者提供更多的背景信息。传统纸质报纸在印刷上有一定的成本和限制，但数字报纸的兴起为新闻传播带来了灵活性。数字版报纸通过互联网可以实现全球范围的传播，而且可以即时更新，保持读者对新闻的实时关注。报纸在社会中的作用不仅仅是传递新闻信息，还承担着监督、评论、引导舆论的职责。编辑团队的专业性和新闻报道的客观性是确保报纸在信息传播中发挥积极作用的重要因素。在数字时代，报纸逐渐拓展到在线平台，采用多媒体手段，以适应读者的多样化需求。

二、广播

广播作为一种通过电磁波传播的媒体形式，在新闻传播中扮演着至关重要的角色。其独特之处在于其即时性和广泛的覆盖面。通过无线电波的传输，广播媒体能够将新闻迅速传递到世界各地，使听众在第一时间获取信息。新闻广播采用多种形式，其中包括短消息、新闻时段等。这些形式使得广播能够在短时间内向受众传递大量信息，尤其是那些具有紧急性和重要性的新闻。例如，在灾难事件发生时，新闻广播可以迅速通知公众并提供实时报道，帮助人们做出迅速的反应。广播还具有社会影响力，能够通过音频形式传递不同的声音、观点和文化。这使得广播在文化传承和社会凝聚方面发挥了积极作用。通过不同类型的广播节目，人们可以获得娱乐、教育和新闻等多方面的信息，从而形成对社会多元性的更全面认识。在数字时代，广播继续发展并适应新的技术。网络广播和在线直播等数字化形式使得广播更加灵活，观众可以通过互联网随时随地收听或观看广播节目。这为广播提供了更大的传播平台，也促使广播行业进行更多创新，以适应数字媒体时代的需求。综合而言，广播以其即时性、广泛覆盖和多样性的特点，持续在新闻传播中发挥着不可替代的作用，为人们提供了获取信息、娱乐和文化体验的重要途径。

三、电视

电视作为一种视听媒体，在新闻传播中具有显著的影响力。电视新闻以其图像和声音的结合，为观众呈现了更为生动、直观的信息。通过视觉图像，观众能够看到事件的现场、人物的表情，通过语音报道，他们能够听到事件的真实声音，这使得电视新闻更富有感染力和真实感。电视新闻具有强烈的视觉冲击力，可以通过画面的编排、剪辑和特效等手段，使观众更加深刻地体验新闻事件。例如，在重大事件的报道中，电视新闻可以运用镜头语言、音乐等元素，营造出紧张或是激动人心的氛围，增加新闻的震撼力。电视新闻还能够通过采访、访谈等方式为观众提供更丰富的信息。记者可以通过面对面的交流方式深入挖掘事件背后的故事，给观众带来更为详尽的报道。专访、现场报道等形式使得电视新闻更具深度和全面性。与报纸和广播相比，电视具有更广泛的受众基础。它能够通过卫星、有线电视等方式覆盖全球范围内的观众，使新闻信息得以传播到更远的地方。这为国际新闻的传播提供了更为便利的途径。在数字时代，电视新闻通过互联网和在线视频平台实现了更广泛的传播。人们可以通过电视台的官方网站、社交媒体等途径获取新闻内容，实现了多平台、多渠道的传播。综合而言，电视新闻以其图像化、感性化的特点，为观众呈现了更为丰富、直观的新闻信息。其强大的传播能力使其在新闻传播中扮演着不可替代的角色。

四、新闻编辑和报道

新闻编辑和报道是传统媒体的核心职能，它们在新闻传播中扮演着至关重要的角色。新闻编辑团队负责选择、整理和编辑新闻内容，确保新闻报道的准确性、客观性和公正性。编辑在新闻报道中扮演了关键的过滤和引导作用，通过选题、编排和编辑手法，呈现给观众一个清晰、完整的新闻故事。记者是新闻报道的重要组成部分，他们通过实地采访、调查和撰写新闻稿件，为编辑团队提供原始的新闻素材。记者的职责包括追踪新闻事件、深入挖掘新闻背后的故事、采访相关人物等，以获取更全面、真实的新闻信息。传统媒体遵循一系列新闻报道的原则，如真实性、客观性、公正性、全面性和及时性等。这些原则确保了新闻报道的质量和可信度，使观众能够获取到客观、全面、真实的信息。新闻编辑需要遵循一系列的编辑规范，包括职业操守、道德规范和行业标准等。编辑团队在进行新闻选择和编辑时，需考虑新闻的社会影响、公共利益，并避免主观偏见、歪曲事实等不当行为。为了确保新闻报道的客观性和全面性，编辑和记者通常会从多个角度获取信息，采访不同的相关人士，以呈现一个更为全面、公正的报道。总的来说，新闻编辑和报道是保证传统媒体新闻质量的重要环节。他们通过专业的采访、编辑和整理，使新闻内容更符合客观事实，为观众提供有深度、广度的新闻信息。这有助于建立传统媒体的专业形象，增强读者或观众对新闻的信任度。

五、发行和传递

传统媒体的发行和传递是新闻内容最终抵达受众手中的重要环节。以下是传统媒体发行和传递的几个关键方面：报纸作为印刷媒体，通过印刷厂将新闻内容印刷在纸张上，然后通过发行渠道将印刷好的报纸送达读者手中。这个过程包括印刷、包装、配送等环节，确保新闻及时、准确地传递给读者。无线电和电视广播通过电波传输新闻信号。广播站或电视台通过天线发射信号，而听众或观众则通过收音机、电视等设备接收信号，从而获取新闻内容。这种传递方式具有即时性，能够迅速将新闻传递到不同地区的受众。部分传统媒体利用卫星技术进行信号传输。卫星传输能够覆盖更广泛的地理范围，使新闻内容可以通过卫星信号传递到全球不同地区。传统媒体建立了复杂的发行渠道，确保新闻及时送达到读者手中。这包括报亭、邮局、超市、订阅服务等多种渠道，以满足不同读者的获取需求。传统媒体在发行和传递中需要保证时效性。新闻的及时传递对于读者获取最新信息至关重要，因此整个过程需要迅速而高效。为了维护传统媒体的品质，印刷和传递环节需要确保印刷质量、信号传递稳定，并且在整个发行过程中避免信息失真或损失。总体而言，传统媒体通过复杂的发行和传递网络，确保新闻内容能够迅速、准确地传递给广大受众。这些环节的高效运作是保证新闻时效性和可靠性的关键。

六、公共关系和广告

公共关系和广告是传统媒体中常见的元素，它们在媒体运作中扮演着重要的角色。广告是通过付费手段在媒体中刊登的宣传信息，旨在向受众传递特定产品、服务或品牌的信息，同时为媒体提供资金支持。广告通常以图文、视频等形式呈现，放置在报纸、杂志、电视、广播等媒体上。广告的目的是促使受众采取特定的行动，如购买产品、了解服务等。公共关系是组织或企业与公众之间建立和维护良好关系的活动。在传统媒体中，公共关系活动通过新闻稿、采访、专访等形式向媒体传递组织或企业的信息，以塑造正面形象、解释事件或传达特定信息。这些信息有时呈现在新闻报道中，有时以专门的形式呈现，如新闻发布会。广告和公共关系活动为传统媒体提供了经济支持。广告商支付费用以在媒体上展示广告，而组织或企业通过公共关系活动来影响舆论和塑造形象。这些资金有助于媒体的运作和新闻报道的制作。广告和公共关系活动也通过传统媒体向受众传递信息。广告向受众介绍产品、服务和品牌，而公共关系活动则通过新闻稿等方式告知受众有关组织或企业的信息。广告和公共关系活动通常与新闻内容整合在一起，形成综合的传播模式。这样的整合有助于提供多样性的信息，满足受众的不同需求。公共关系和广告是传统媒体中的重要组成部分，它们在新闻传播中既提供经济支持，又为受众提供多样化的信息。

虽然新兴数字媒体形式在崛起，但传统媒体仍然在社会中扮演着重要角色。传统媒体的报道和编辑标准、专业记者的采访能力以及广告和公共关系的支持仍然是信息传播中不可或缺的组成部分。

第二节　社交媒体的崛起

新闻社交媒体的崛起标志着传播方式的革命性变化，它影响着新闻的产生、传播和消费。以下是新闻社交媒体崛起的一些关键特点和影响：

一、即时性和实时更新

社交媒体平台提供了即时发布和实时更新的功能。新闻社交媒体通过实时的消息推送，使受众能够迅速获取最新的新闻信息，实现了新闻传播的即时性。

（一）**即时性与实时更新**

社交媒体平台的即时发布和更新功能给新闻传播带来了深刻的变革。社交媒体平台允许用户即时发布消息，包括文字、图片、视频等多种形式，使新闻传播具有更高的即时性。

（二）**实时消息推送**

用户可以通过设置新闻推送服务，第一时间收到重要新闻的通知，确保在新闻事件发生时能够迅速获取信息。

（三）**事件实况报道**

社交媒体上的新闻账号经常通过直播、实时照片和视频来报道事件实况，用户能够实时跟踪新闻发展。

（四）**用户参与的即时性**

用户可以即时参与新闻话题的讨论，通过评论、转发等方式表达自己的观点，形成实时的社交互动。

（五）**即时性的挑战**

即时发布也带来了对于信息真实性的挑战，因为在第一时间核实信息可能受到限制，存在传播不准确信息的风险。

（六）全球化传播

社交媒体使新闻能够在全球范围内实现即时传播，使信息能够跨越国界，迅速传递到全球各地。

（七）新闻速度与深度的权衡

社交媒体在满足用户即时获取信息需求的同时，也需要在速度和深度之间寻找平衡，确保信息的准确性和全面性。

这些特点使得新闻社交媒体成为当今社会获取新闻信息的重要途径，但也引发了关于信息质量和可信度的讨论。

二、多样的内容形式

社交媒体不仅支持文字信息，还包括图像、视频、直播等多样的内容形式。新闻社交媒体通过视觉化和多媒体的手段，使新闻更生动、更具吸引力，满足受众对多样化信息的需求。社交媒体提供了丰富多样的内容形式，丰富了新闻传播的呈现方式。

（一）文字信息

社交媒体的文字信息传播在新闻领域发挥着重要作用，为受众提供了即时的关键信息和深度分析。社交媒体平台支持用户发布实时文字信息。这种即时性的文字报道使得新闻机构和记者能够迅速向受众传递事件的最新进展，为用户提供及时的关键信息。除了传递事件的基本事实，社交媒体上的文字信息还包括对事件的深度分析和评论。记者、专家或用户通过文字形式表达对事件的看法，提供更多角度的解读，增强了受众对新闻的理解深度。由于文字信息的灵活性，新闻社交媒体能够将复杂的信息提炼成简明扼要的内容。标题、摘要和关键字的使用帮助用户快速了解新闻要点，选择是否深入阅读详细内容。文字信息的发布不仅仅是新闻机构的工作，也包括用户的参与。用户可以通过评论、转发等方式参与到新闻话题中，形成社交互动，提供更丰富的信息和多元的观点。社交媒体平台的推送功能使得新闻文字信息能够实时更新到用户的设备上。用户可以通过手机、平板等设备随时随地获取最新的新闻，保持对事件的实时关注。文字信息通常伴随着链接，用户可以通过点击链接获取更详细的报道。这种方式实现了文字信息与更丰富多样的内容形式的无缝衔接，为用户提供更全面的信息。文字信息的即时性、灵活性以及用户互动性使其成为社交媒体中新闻传播的重要手段，为用户提供了便捷而多样化的新闻阅读体验。

（二）图像传播

社交媒体平台通过图像传播，为新闻报道提供了直观、生动的展示手段，让用户更深刻地感受事件的现场氛围。社交媒体的图像传播通过生动的视觉呈现，能够迅速传达事件的真实感。用户通过图片可以直观地感受到事件现场的情境、人物表情和环境，使新闻更具感染力。新闻社交媒体通过发布现场图片，直击事件发生的地点。这种直观性的传播方式让受众更容易理解事件的真实情况，消除信息的模糊性，提高信息的可信度。社交媒体上的新闻图片往往涵盖多个角度和视角。不同拍摄者、用户上传的图片能够呈现事件的多面性，为受众提供更全面、多元的观察角度。

图片传播有助于在受众中引发情感共鸣。一张感人的照片可以触动人们的情感，让他们更深刻地关注和参与到新闻事件中。社交媒体上的图片传播往往伴随着用户的参与和分享。用户通过评论、点赞、转发等方式参与到图片讨论中，形成互动社群，丰富了新闻传播的层次。图片的传播速度较快，社交媒体能够实时更新事件的照片。用户可以迅速获取到最新的图片信息，保持对事件的时效性关注。社交媒体上的新闻图片通常伴随着链接，用户可以通过点击链接获取更详细的报道。这种方式实现了图片信息与更深入内容的衔接，提供了更全面的信息。通过图像传播，新闻社交媒体打破了传统文字报道的局限，为用户提供了更具视觉冲击力和感染力的新闻体验。

（三）视频报道

社交媒体上的视频报道为新闻传播提供了更生动、直观的呈现方式，通过动态影像传递事件的全过程，增强了信息的表现力和感染力。视频报道在社交媒体上实时动态展示事件发展过程。用户可以通过观看视频了解事件的实时状况，获得更全面、直观的信息。社交媒体上的新闻视频能够还原事件现场的真实情景。通过视频画面，受众可以感受到事件的氛围，听到声音和发现细节，提升了信息的还原度。视频报道不仅可以呈现事件的画面，还可以通过解说、采访等形式提供深度报道。记者通过视频解说可以为受众解读事件背后的原因和影响。社交媒体上的新闻视频通常伴随着用户的参与和互动。用户可以通过评论、点赞、分享等方式参与到视频讨论中，形成互动社群，扩大了信息的传播范围。视频报道在社交媒体上也可以以专题报道或纪录片形式呈现。这种形式更适合深度报道复杂事件，为受众提供更全面、系统的信息。视频报道能够更直观地传递事件现场的情感。通过镜头捕捉人物的表情、声音的传递，增强了信息传达的情感表达，引发受众的情感共鸣。社交媒体上的视频报道可以采用多元化的创作手法，如运用特效、拍摄手法等，使视频更具创意和吸引力，提高用户的关注度。通过视频报道，社交媒体上的新闻传播实现了从平面到立体的跃升，为用户提供了更直观、全面的新闻体验。

（四）直播报道

社交媒体平台的直播功能为新闻报道提供了即时而直观的传播手段。通过实时视频流，直播报道在事件发生的当下将观众带入现场，实现了新闻传播的实时互动。直播报道具有即时互动性，观众可以通过评论、点赞等方式实时与主播和其他观众互动，形成实时的社交氛围。通过直播，观众能够感受到事件现场的真实氛围。镜头即时呈现事件细节，声音传递现场声音，增加了信息的真实感和现场感。直播报道通常由专业主播进行解说，为观众提供专业的分析和评论。主播通过直播形式能够即时解读事件的背景和意义。直播报道能够实时更新事件进展，观众不需要等待新闻整理和编辑，能够在第一时间了解到最新的情况。通过直播，可以实现多个场景的切换，将观众带入不同的现场，使报道更加全面，观众能够全方位了解事件。对于紧急事件，直播报道是迅速响应的有效方式。新闻机构可以通过直播平台实时发布消息，提醒观众采取相应的措施。观众在观看直播的同时可以分享直播链接，通过社交媒体平台传播。这种社交分享能够扩大报道的影响范围，提高信息的传播效果。直播报道通过即时性、真实性和互动性的特点，为社交媒体上的新闻传播带来了全新的体验，观众可以置身于新闻事件的第一线。

（五）用户生成内容

社交媒体平台的用户生成内容为新闻传播提供了丰富的多样性和广度。用户通过上传个人的图片、视频等内容，成为新闻传播的参与者，为报道提供了更新颖的视角。用户生成的内容来自各个不同的个体，他们的亲身经历和独特观点为新闻报道提供了多样化的视角。这样的多元性有助于更全面地理解事件。用户生成的内容涵盖了更广泛的素材，包括照片、视频、文字等。这为新闻报道提供了更为丰富和生动的素材，增加了报道的表现力。用户生成的内容通常更贴近生活，具有真实感和直观性。这些内容能够让观众更容易产生共鸣，拉近报道与受众的距离。用户生成的内容可以通过社交媒体平台传播，形成更广泛的社交传播。观众可以通过分享、点赞等方式参与其中，将新闻内容扩散到更 广泛的社交网络。用户生成内容有助于记录历史瞬间。在重大事件发生时，大量用户生成的内容构成了一个社交媒体上的见证者群体，他们记录下事件的瞬间，形成了独特的历史档案。用户生成内容赋予了个体更多的参与感。通过分享自己的经历，用户成为新闻报道的一部分，这种参与感能够激发更多人对事件的关注和参与。用户生成的内容有时候能够挑战传统报道，揭示更多底层的问题。同时，这也具有监督作用，通过普通人的观察和反馈，有助于发现和纠正可能存在的偏见或错误报道。用户生成的内容丰富了新闻报道的维度，使传播更加真实和立体。社交媒体平台成为了一个多元参与的信息共享平台，用户既是信息的接收者，也是信息的创造者。

（六）多媒体组合

社交媒体上的新闻报道逐渐形成了多媒体的传播模式，通过结合文字、图片、视频等多种元素，呈现更为全面、立体的信息。文字作为传统的信息表达方式，在社交媒体上依然扮演着重要的角色。新闻报道通过文字介绍事件的经过、解释事实背后的原因，提供深度分析和评论。社交媒体上的新闻报道经常搭配丰富多彩的图片，以直观形象的方式展现事件现场、人物表情等。图片能够迅速传递信息，增加报道的感染力。视频成为社交媒体上新闻报道的重要组成部分。通过视频，新闻机构能够实时呈现事件现场，观众可以更直观地感受到事件的发展和影响。社交媒体的直播功能使新闻报道更贴近实时。通过直播，新闻机构能够实时传递事件现场的情况，观众可以在第一时间获得最新的信息。一些社交媒体平台支持交互式元素的添加，如投票、问答等。这样的元素能够增加观众参与感，使新闻报道更具互动性。社交媒体上的新闻报道往往伴随着大量用户的评论和反馈。这些评论能够提供更多的观点和看法，形成一个更为广泛的讨论空间。为了更好地解释复杂的信息和数据，社交媒体上的新闻报道常常采用动态图表和数据可视化。这样的方式使得信息更易理解，增加了报道的深度。社交媒体报道常以故事串联的方式出现，通过多媒体的呈现形式，将事件发展脉络清晰地呈现给观众，使其更容易理解整个事件的背景和进展。多媒体组合使得新闻报道更加生动、立体，更好地适应了现代受众对信息获取的多样化需求。通过多种形式的呈现，社交媒体上的新闻不仅传递信息，更激发了受众的情感共鸣和深度参与。

（七）用户评论和反馈

用户评论和反馈在社交媒体上是新闻传播中不可或缺的一部分，为新闻报道增色不少。社交媒体上的新闻报道常常引发用户的评论。这些评论不仅提供了观点和看法，还可能形成用户之间的交流和讨论。通过评论，观众可以表达对新闻事件的态度、疑问或进一步的补充信息。用户可以通过点赞来表示对新闻报道的支持或认同，通过分享将新闻内容传递给更多人。点赞和分享的数量也成为衡量新闻受欢迎程度的指标之一。评论往往带有强烈的情感成分，用户可以在评论中表达对事件的愤怒、悲伤、喜悦等情感。这种情感共鸣使得新闻报道更具人情味，更贴近用户的生活。一些用户评论提供了对新闻事件更深层次的探讨和分析。这些评论可能包含专业领域的见解，为新闻报道添加了更多的深度。用户评论也是新闻机构获取反馈的途径。用户可能指出报道的错误或提供额外信息，这使得新闻机构能够及时修正并提高报道的准确性。通过评论，用户之间建立了社交联系。他们可以在评论中互动、回应，形成一个社交网络，共同参与到新闻话题的讨论中。一些新闻报道可能引发激烈的争议，用户的评论往往反映了社会上不同的声音。这种争议性的评论也为新闻报道增添了生动性和吸引力。用户评论中还可能包含对新闻机构的建议和期待，这对于新闻机构改进报道、提升服务质量具有重要意义。综合来看，用户评论和反馈不仅为新闻报道增加了多样性和深度，也促进了用户之间的交流和互动，使新闻成为更具参与性和社交性的信息形式。

（八）信息可视化

社交媒体上的新闻报道在传递信息时，常常通过图表、图形等形式进行信息可视化，这一手法使得信息更加生动、易于理解。社交媒体平台支持插入各种图表和图形，如折线图、柱状图、饼图等。这些图表能够直观地展示数据、趋势或比例，让用户一目了然。地图是一种直观的信息可视化手段，新闻报道可以通过地图来呈现地理位置相关的信息，如灾害分布、疫情传播等。通过实时更新的方式，新闻机构可以将动态数据实时反映在图表上，使用户能够及时了解事件的最新进展。一些社交媒体平台支持互动性可视化，用户可以通过交互手段自行选择感兴趣的数据和维度，实现个性化的信息呈现。动画效果能够使信息更生动，吸引用户的注意力。在信息可视化中加入一些动画元素，能够提升用户体验。信息可视化通常可以展示多个维度的信息，用户可以通过切换视图或选择不同的参数，深入了解事件的各个方面。关系网络图呈现了不同元素之间的关系，适用于展示事件中各个相关方的联系和互动。通过情感分析，将用户在社交媒体上的反馈以图形方式展示，呈现出事件在公众心中引发的情感波动。将用户生成的内容，如评论、图片、视频等，以可视化形式呈现，丰富了信息的来源和呈现形式。时间轴图能够清晰展示事件发展的时间顺序，使用户能够更好地理解事件的时间线。通过这些信息可视化手段，社交媒体上的新闻报道在保持简洁明了的同时，提供了更加生动、直观的信息传递方式。这符合用户迅速获取信息、理解信息的需求，同时丰富了新闻报道的表现形式。

（九）音频报道

社交媒体平台不仅限于文字、图像和视频，还广泛支持音频信息的传播，为用户提供了更多元的信息呈现方式。播客是一种以音频形式呈现的信息节目，社交媒体平台允许用户上传和分享播客内容。这种形式使新闻报道更加生动，用户可以在行走、开车等场合方便地获取新闻信息。社交媒体平台支持用户通过语音消息的形式发布信息，这种直接的语音互动方式增加了信息传递的人性化和情感化。社交媒体可以通过音频的方式提供新闻快讯，以简短的语音形式迅速传递重要信息，满足用户快速获取新闻的需求。采用音频形式进行采访和专访，使受访者的声音更真实、直接，同时为用户提供更深入的了解。在新闻报道中加入背景音乐和音效，能够营造出特定的氛围，增强信息的表现力和情感色彩。采用音频形式进行新闻故事叙述，通过声音的变化、语调的抑扬顿挫，使新闻报道更具有情感共鸣。音频报道可以更灵活地支持多语言，满足不同用户群体的语言需求，提高信息的覆盖范围。社交媒体平台还支持在线音频直播，新闻机构可以通过直播的方式即时传递事件现场的声音，让用户感受更真实的新闻体验。用户可以通过音频的方式参与评论和互动，这种形式更富有个性化，提高了用户参与的积极性。音频报道也可以结合可视化手段，如波形图、频谱图等，让用户能够看到声音的可视化呈现，增加信息的直观性。通过音频报道，社交媒体为用户提供了更加多样、丰富的信息呈现方式，满足了用户在不同场合和需求下获取新闻信息的多样性。这些多样的内容形式使得用户能够更加全面地了解新闻事件，满足了受众对于多样化信息的需求。

三、用户生成内容

社交媒体平台的用户生成内容为新闻传播注入了更多的多样性和个性化。用户通过实时报道、评论和分享，成为新闻事件发生现场的重要信息源。社交媒体用户可以即时发布关于事件的报道，将现场发生的情况迅速传递给其他用户。这种实时性的报道使新闻更加生动和具有时效性。用户通过拍摄现场照片和视频，能够为新闻报道提供直观的视觉信息。这些用户生成的多媒体内容能够迅速传播，让其他用户更好地理解事件。社交媒体成为用户分享见闻和经历的平台，用户通过文字叙述和图文结合的方式，向其他用户传递个人观点和感受。这种主观性的分享使新闻更加立体和丰富。用户通过评论功能表达对新闻事件的看法和观点，形成多元的社会声音。这种集体性的讨论能够反映社会舆论，为新闻报道提供更多角度。社交媒体提供了丰富的用户互动方式，如点赞、分享、转发等。用户的互动行为直接影响着新闻内容的传播范围和影响力。在某些专业领域，社交媒体上的专业人士和领域爱好者通过分享自己的见解和经验，为相关领域的新闻报道提供兼具专业性和深度的信息。用户生成的内容有助于事件的全面重构，通过不同用户的多角度报道，形成更为完整的事件呈现。社交媒体用户通过实时监督和反馈，能够对事件进行实时的社会监督，推动相关问题的解决和改进。用户通过自己的个体经历表达情感，与其他用户形成共鸣，使新闻报道更加贴近人心。在一些情况下，用户生成的内容甚至被媒体机构采用为新闻报道的一部分，加深了新闻报道的多元性和开放性。通过用户生成内容，社交媒体为新闻传播注入更多参与性和民主性，使普通公众能够更直接地参与到新闻事件的报道和讨论中。

四、个性化推送

社交媒体平台通过先进的算法分析用户的兴趣和行为,实现了个性化的信息推送。这一特性使得受众更容易接触到符合其兴趣和喜好的新闻内容,提高了信息传递的精准性和用户体验。社交媒体平台通过对用户行为的分析,包括点击、浏览、评论等,了解用户的兴趣和偏好。这种行为分析形成了用户画像,为后续的推荐算法提供了依据。通过用户在社交媒体上的互动,平台会生成一系列兴趣标签,反映用户关注的领域、话题和内容类型。这些标签用于精准定位用户的兴趣点。社交媒体平台采用先进的推荐算法,基于用户画像和兴趣标签,为用户推送可能感兴趣的新闻内容。这些算法经过不断的学习和优化,提高了推送的准确性。推荐算法是实时调整的,会根据用户最新的行为和兴趣变化进行动态调整。这使得推送的新闻内容能够更好地适应用户的最新变化。通过个性化推送,用户能够更容易地接触到与其兴趣相关的新闻,不再需要在大量信息中寻找自己感兴趣的内容,提高了信息获取的效率。个性化推送使用户体验更加定制化,用户可以更加轻松地获取到符合其品味和需求的新闻,提升了用户对社交媒体平台的满意度。除了新闻,个性化推送也包括其他形式的内容,如图片、视频、博客等,满足用户多元化的信息需求。个性化推送不仅体现在新闻内容上,也延伸到广告领域。平台通过分析用户兴趣,更精准地投放广告,提高了广告的点击率和转化率。个性化推送的同时,社交媒体平台也需要考虑用户隐私,采取相应的隐私保护措施,确保用户信息的安全。个性化推送提升了用户参与度,因为用户更愿意在其感兴趣的领域中进行互动,分享和评论,形成更加活跃和有趣的社交媒体社区。通过个性化推送,社交媒体实现了信息的精准传递,为用户提供了更好的信息获取体验,同时也促进了社交媒体平台的用户活跃度和黏性。

五、社交互动

社交媒体的最大特点之一是双向互动，用户可以通过评论、点赞、分享等方式积极参与新闻讨论，这促进了新闻传播的互动性，使受众从被动的信息接收者变成了积极的参与者。社交媒体平台上用户可以对新闻内容进行评论，表达自己的看法、观点或提出问题。这种互动形式使得新闻更具有讨论性，形成了丰富的观点交流。用户可以通过点赞表示对新闻的赞同或喜欢，也可以通过分享将新闻推荐给自己的关注者。点赞和分享的行为将新闻扩散到更广泛的受众，增加了信息的传播范围。社交媒体上的用户可以将新闻通过转发的方式分享到自己的社交圈，同时还可以通过提及特定的用户，引导他们参与讨论。这种引入关键人物的方式使新闻更有深度和广度。用户可以在新闻发生的当下通过评论和互动表达自己的立场和情感，形成实时的互动氛围。这种实时性使新闻传播更加生动和迅速。一些社交媒体平台提供了调查和投票的功能，用户可以参与到关于新闻话题的投票中，表达自己的态度，同时也能看到其他人的看法。用户可以通过在评论或分享中添加话题标签，将新闻与特定的话题关联起来，形成更有针对性的互动讨论。社交媒体不仅是信息的传播平台，也是用户生成内容的平台。用户可以通过上传图片、视频等形式参与到新闻报道中，为新闻事件提供更多元的视角。新闻讨论中常常涌现出争议性观点和激烈的辩论，这种互动不仅仅是信息的传递，更是社交媒体上形成的一种社会舆论场。社交媒体上的新闻互动形成了社交网络效应，用户通过互动将新闻内容传播给更广泛的受众，形成信息的瀑布效应。社交媒体上的互动能够迅速引发舆论热点，影响社会事件的发展，使普通公民的声音在社交媒体上得到更大的关注度。通过社交互动，社交媒体不仅是信息的传播媒介，更是一个充满生命力和多元声音的社交空间。这种互动性为新闻传播提供了更加开放、丰富和多元的可能性。

六、信息碎片化

社交媒体带来的信息碎片化是新闻传播领域面临的一个挑战。在这个环境下，用户获取信息的方式变得零散而多元，从而带来了一系列的影响和问题。社交媒体上的信息呈现方式通常以短时、迅速的形式存在，用户在快速滑动的过程中可能会快速浏览很多信息，但对每条信息的关注时间很短暂。这使得用户的注意力难以集中在一个复杂的新闻事件上。社交媒体上信息的快速传播和大量涌现，容易导致信息过载。用户在大量信息中选择性关注，可能错过重要的、全面的新闻报道，造成对事件的片面理解。新闻在社交媒体上传播时，往往被拆分成小块的信息片段，这些片段可能分散在不同的时间、地点和用户之间。用户需要通过拼凑这些片段来形成对整个新闻事件的认知，这增加了获取完整信息的难度。社交媒体上的信息碎片通常缺乏深度和全面性，新闻报道更侧重于迅速呈现事件的要点。这导致用户对事件的理解停留在表面，缺乏深度的分析和解读。信息碎片化也增加了虚假信息传播的风险。由于信息碎片的特性，虚假信息可能更容易混入真实信息之中，用户难以准确判断信息的真实性和可信度。社交媒体平台往往通过算法根据用户的兴趣和行为提供个性化的信息推荐。这虽然增加了信息的个性化，但也使用户更容易沉浸在自己熟悉或偏好的信息领域，而忽视了一些广泛而重要的新闻事件。社交媒体上的信息碎片通常以轻松、简短的形式存在，这可能挑战用户进行深度阅读的能力。深度阅读对于理解复杂的新闻事件和获取详细信息是必要的，但社交媒体环境可能减弱了这一能力。某一新闻事件可能会被分割成多个片段分散在时间轴上，用户需要跨足多个时间点获取完整的信息，而这种断片的呈现方式可能导致对事件整体性的认知不足。社交媒体上信息的传播速度极快，新闻在短时间内迅速传播，用户可能在不经意间错过关键信息。这使得用户需要时刻关注社交媒体以获取最新的信息。信息碎片化的挑战需要新闻传播者更好地适应社交媒体环境，通过创新的报道手段和深度分析，提供更具深度和完整性的新闻内容，帮助用户更好地理解复杂的新闻事件。

七、虚假信息和谣言

虚假信息和谣言在社交媒体上的传播是一个持续存在的问题，其具体表现和挑战主要体现在以下几个方面：社交媒体上信息传播的速度极快，而事实核查往往需要更多的时间。虚假信息可以在短时间内迅速传播，形成舆论，而事实核查的过程可能相对缓慢，导致虚假信息在被揭露之前已经广泛传播。社交媒体平台使用的信息过滤算法可能无法有效辨别虚假信息。虚假信息通常具有引人注目的标题和内容，容易吸引用户的点击和分享，而算法可能更注重信息的传播性和用户参与度，而非信息的真实性。虚假信息和谣言在社交媒体上传播时，可能会被切割成碎片，失真的信息片段更容易引起关注。这增加了事实核查的难度，因为核查人员需要追溯并整合信息碎片，还原事件的真实情况。社交媒体用户可能更倾向于接受符合他们已有信仰或观点的信息，而对于与其观点相悖的信息持怀疑态度。这使得虚假信息在特定社交群体内更容易传播，形成信息孤岛。社交媒体上用户的匿名性和虚假身份使得发布虚假信息的行为更容易。恶意行为者可以隐藏身份，发布虚假信息而不担负法律责任，加大了虚假信息传播的风险。社交媒体上的信息传播往往呈现出激进化和极端化的趋势。虚假信息可能会被用于操纵情绪，引发极端观点，从而加剧社会紧张局势。社交媒体上缺乏负责任的信息分享文化，用户可能在未经核实的情况下转发信息。对于虚假信息的传播，用户的不谨慎分享是一个重要的传播途径。社交媒体平台在监管虚假信息方面面临巨大的挑战。平台需要平衡言论自由和信息准确性之间的关系，同时防范虚假信息的传播，这是一项复杂而敏感的任务。解决这些挑战需要社交媒体平台、政府、媒体和社会共同努力，推动信息传播的负责任化，提高用户对虚假信息的辨别能力，加强事实核查和信息监管的力度。

八、全球化传播

社交媒体的全球化传播在新闻传播领域引起了深远的影响，主要体现在以下几个方面：社交媒体允许用户跨越地域限制，实时获取全球范围内的新闻。这为人们提供了更广泛的信息视野，加深了对国际事务和文化的理解。全球社交媒体传播拓宽了国际新闻报道的发展渠道。通过用户在世界各地的实时报道，新闻机构可以更快速、全面地获取国际新闻，提高报道的多样性和及时性。社交媒体促进了跨文化交流，使不同地区的人们能够更直接地分享和了解彼此的文化。这有助于消除文化隔阂，促进全球社会的多元融合。全球社交媒体成为人们讨论全球性议题的平台，如气候变化、公共卫生等。这有助于形成全球共识，推动全球性问题的解决，引发全球性关注和行动。社交媒体的全球化传播也带来了信息过度曝光和信息过载的问题。大量的信息涌入用户视野，可能导致信息的过度曝光，使人们难以分辨真实与虚假，也增加了信息过载的风险。虽然社交媒体极大地促进了全球沟通，但不同语言和文化之间的障碍仍然存在。翻译技术的不完善可能导致信息的误解，跨文化传播需要更多的努力来确保信息的准确传达。全球社交媒体传播对政治和社会产生了深远的影响。它为全球性运动和抗议提供了平台，同时也引发了一系列的挑战。全球社交媒体上信息的广泛传播也带来了新闻可信度的挑战。虚假信息和谣言在跨国传播时可能更难被监管和核实，影响了信息的准确性和真实性。在社交媒体全球化传播的同时，社会需要更加关注信息的质量、真实性，推动国际社交媒体传播更好地服务于全球社会的可持续发展。

总体而言，新闻社交媒体的崛起改变了新闻生态系统，重新定义了信息传播的规则和方式。这不仅为新闻行业、媒体机构以及受众带来了新的挑战，也带来了机遇。

第三节 在线新闻平台

在线新闻平台的兴起标志着新闻传播方式的进一步演进，其特点和影响主要表现在以下几个方面：

一、即时性和24/7更新

在线新闻平台的即时性改变了人们获取信息的方式。过去，读者需要等待报纸的印刷和广播电视的播出时间，而现在，通过在线新闻平台，新闻几乎是即时发布的。这使得人们在第一时间内了解到了世界各地发生的事件。在线新闻平台的24/7更新意味着新闻不再受到时间的限制。无论是清晨、午夜，还是假日，读者都可以访问新闻平台获取最新的资讯。这种便利性使得新闻传播不再受限于传统媒体的作息时间，更好地迎合了现代社会人们随时随地获取信息的需求。尽管即时性和24/7更新给了人们更多获取信息的机会，但也带来了挑战。信息过载、新闻真实性等问题成为关注焦点。同时，新闻从业者需要更快速、更敏捷地应对各种突发事件，确保准确、可靠的信息传递。在这个变革的时代，新闻媒体需要平衡即时性和质量，以更好地满足读者的需求。

二、多媒体融合

随着互联网技术的发展，新闻不再局限于纸面上的文字。在线新闻平台通过多媒体融合，实现了全方位的信息呈现。图片能够迅速传达信息，通过视觉呈现事件的真实感。在线新闻平台在报道中广泛使用图片，使新闻更具生动性和表现力。视频报道可以为观众提供更全面的信息,使其仿佛置身于事件现场。新闻平台通过视频呈现,为受众提供更直观的观感,使他们更好地理解事件的发展过程。音频报道通过声音的传递,为受众提供了一种深度沉浸的体验。播客、语音报道等形式成为在线新闻平台的重要组成部分,为用户提供更便捷的信息获取方式。在线新闻平台不应该只使用单一媒体形式,而是可以通过多媒体的组合,如文字、图片、视频、音频等多种元素共同构建丰富的信息体验。这种多媒体融合为受众提供了更全面、多样的新闻内容,满足了不同受众的需求。多媒体的使用也带来了挑战,包括信息真实性的核查、技术的更新换代等问题。但总体而言,多媒体融合为新闻报道提供了更多元化的选择,更富有表现力的可能性,推动了新闻媒体的创新与发展。

三、个性化推荐

在线新闻平台通过算法分析用户的浏览历史和兴趣,实现个性化的新闻推荐。这样的个性化服务使用户更容易获取符合其兴趣的新闻,提高了信息传递的精准性。在互联网时代,新闻不再是一刀切的模式,而是向每个用户提供个性化、定制化的体验。在线新闻平台通过对用户的浏览历史、点击行为和兴趣爱好进行分析,建立了用户画像。这些数据成为个性化推荐的基础,使平台能够更好地理解用户的需求和喜好。借助智能算法,平台能够迅速处理庞大的用户数据,识别用户的兴趣点,进而为其推荐相关度更高的新闻内容。这种算法的运用提高了推荐的准确性和效率。推荐系统是一个动态的过程,不断学习和适应用户的变化。通过不断优化算法和引入新的技术手段,平台可以更好地满足用户的需求,提供更符合其兴趣的新闻内容。个性化推荐不仅使用户更容易找到感兴趣的新闻,还提高了用户在平台上的停留时间和黏性。用户感到自己在这里能够获取到最相关的信息,更愿意长时间停留,形成了良好的用户体验。然而,个性化推荐也面临一些挑战，如用户隐私保护、推荐算法的公正性等问题。平台需要在提供个性化服务的同时，保障用户信息的安全和公正性的原则。

四、用户互动和评论

在线新闻平台打破了传统新闻的单向传播模式，引入了用户互动和评论功能：用户不再只是接收信息，而是能够参与到新闻的讨论中。这种互动性打破了传统新闻的传播模式，形成了更加丰富和多元的观点交流。通过评论和互动，读者能够表达自己的观点、提出问题，与其他读者和新闻作者进行交流。这提高了读者的参与感，使新闻更贴近用户的需求和期待。读者的评论和互动也为新闻提供了及时的反馈。在这种互动中，可能会有补充信息、纠正错误的回应，从而促使新闻的完善和修正。形成了一个虚拟的新闻社区，用户之间可以建立联系，共同讨论感兴趣的话题。这种社群感和黏性使用户更愿意选择特定的在线新闻平台，形成了一种用户黏性。然而，用户互动也带来了管理和规范的挑战。平台需要有效的管理评论区，防范恶意言论和虚假信息的传播，确保互动环境的积极健康。

五、全球化报道

无论你身在何处，只要有网络连接，你就能够获取来自世界各地的新闻报道。这种全球化报道打破了传统新闻的地域限制，使人们更容易了解和关注全球事务。全球化报道为读者提供了不同国家和文化视角的新闻报道。通过在线新闻平台，读者能够更全面地了解国际事务，形成对多元世界的认知。在线新闻平台促进了国际之间的信息交流和理解。人们能够通过新闻了解其他国家的政治、文化、社会等方面的情况，促进国际间的交流与合作。然而，全球化报道也带来了挑战，包括信息真实性的核查、跨文化误解等问题。同时，这也是一个机遇，使人们更容易关注和参与解决全球性问题，共同构建一个更加紧密相连的世界。

六、数据新闻和信息可视化

在线新闻平台通过数据新闻和信息可视化，将数字化的故事呈现给读者。数据新闻是一种基于数据分析和可视化展示的新闻报道形式。在线新闻平台通过深入的数据挖掘和分析，将复杂的信息转化为清晰的故事。这种形式的报道不仅提供了更多的事实支持，还使读者更深入地理解新闻事件的背后信息。信息可视化通过图表、图形等形式将抽象的信息呈现出来，使读者能够直观地理解复杂的数据。在线新闻平台利用信息可视化提高了新闻报道的吸引力和可理解性，让读者更容易掌握新闻核心内容。通过数据新闻和信息可视化，新闻平台能够以更数字化的方式叙述故事。这种形式的报道使读者更直观地了解新闻事件，促使他们更积极地参与到信息的探索和理解中。随着技术的不断发展，数据新闻和信息可视化将继续创新，为读者呈现更生动、更有深度的数字化故事，使新闻报道更具吸引力和参与感。

七、自媒体和公民新闻

在线新闻平台促进了自媒体和公民新闻的发展。个人可以通过博客、社交媒体等平台发布自己的新闻观点和报道，推动信息传递方式的多元化。

八、挑战传统新闻媒体

随着在线新闻平台的崛起，传统新闻媒体面临着更大的竞争压力。读者更倾向于获取即时、个性化的信息，传统媒体需要不断创新以适应这一趋势。

九、商业模式的变革

在线新闻平台的兴起对传统媒体的商业模式产生了影响。广告、订阅和付费模式等多种方式的变革正在推动新的商业模式的形成。

十、社会舆论的塑造

个人通过博客、视频平台等自主媒体形式，可以成为信息传递的主体。这种自媒体模式使得更多人能够分享自己的新闻观点和独立报道，呈现了新闻传播中更加多元的声音。公民新闻指的是由普通公民产生的新闻内容，通常是基于个人经历或对社会事件的观察而形成的内容。在线新闻平台提供了一个更广泛的传播渠道，使得公民新闻能够更容易被发现和传播。这样的报道往往能够呈现更真实、贴近生活的一面。自媒体和公民新闻的兴起丰富了新闻传播的多元性。不同的个体、群体可以通过在线平台表达独特的观点，推动社会对于多元声音的关注和尊重。然而，自媒体和公民新闻也面临着信息真实性、可信度等方面的挑战。平台需要更好地管理内容质量，确保信息的准确性和可靠性。同时，这也是一个机遇，可以通过社区监督和互助机制提升信息的质量。自媒体和公民新闻的发展，为新闻传播注入了更加生机勃勃的力量，让每个人都有可能成为新闻的创作者和传播者。在线新闻平台的崛起既为信息传播提供了更多便利，也带来了一系列新的挑战。社会需要更加关注新闻平台的发展，推动其更好地服务于公众利益。

第四节　移动应用与新闻传播

一、随时随地获取新闻

移动应用使人们可以随时随地获取新闻，无论是在公交车上还是在咖啡馆里，甚至是在床上。新闻的获取不再受限于地点，读者可以根据个人时间和兴趣选择阅读，提高了获取新闻的便捷性。

二、个性化推荐和定制化阅读

通过算法分析用户的浏览历史和行为，移动应用能够实现个性化的新闻推荐。用户可以根据自己的兴趣，接收到更符合个性化需求的新闻内容，提高了信息传递的精准性。

三、多媒体呈现和互动性

移动应用不仅支持文字新闻，还包括图像、视频、音频等多媒体形式。这种多媒体呈现方式使新闻更加生动，同时移动应用上的评论、分享等功能增强了读者的互动性。

四、实时推送和即时更新

移动应用通过实时推送功能，能够将最新的新闻资讯即时传递给用户。这种即时更新的特性，使用户能够第一时间获取到事件的最新动态，实现新闻传播的及时性。

五、互动和参与感

一些新闻应用通过互动的形式，如投票、评论、参与话题讨论等，增加了读者与新闻之间的互动。读者不再只是接收信息，而是能够参与到新闻话题中，提高了信息传递的参与度。

六、挑战和机遇

然而，随着信息传递的多元性和便捷性的提高，也带来了信息过载和真实性的挑战。用户需要具备更好的信息素养来辨别信息真伪，而移动应用平台也需要更强的内容管理机制来确保信息质量。

移动应用与新闻传播的结合，让信息随身而行，使新闻更贴近用户的生活，提供了更为便捷和多元的新闻传播方式。

第四章　新闻采编的伦理与规范

第一节　新闻报道的道德标准

新闻报道的道德标准对于确保媒体的公正、客观和可信度至关重要。

一、真实性和准确性

新闻报道的首要原则是确保信息的真实性和准确性。这一标准确保了读者获得的信息是可信的，从而维护了新闻媒体的公信力。

（一）事实核实的义务

事实核实是新闻报道中至关重要的一环。通过多方核实事实，记者可以提高信息的可信度，避免依赖单一信息来源造成的误导。尤其是在信息涉及重大事件或可能对公众产生重大影响时，更需要记者深入核实，确保报道的真实性和客观性。这有助于建立新闻媒体的公信力，为读者提供可靠的新闻信息。

（二）避免故意歪曲

避免故意歪曲事实是新闻报道中的道德原则之一，有助于确保报道的客观性和真实性。记者应当以中立和公正的态度对待新闻事件，不偏袒任何一方，不夸大事实。记者在报道中应当追求客观性，即在呈现事实时不带有主观色彩。这要求记者在选择用词、表达观点时保持中立，不受个人立场或情感的影响。记者的责任是真实还原事件的经过，而非根据自己的观点或偏好对事件进行解读。报道应当尽可能还原事实的真相，让读者能够形成独立、全面的判断。记者在撰写报道时应当避免使用引导性的语言或表述，以免给读者带来误导。应该尽量使用客观、中立的措辞，让读者能够自行判断事件的意义和影响。有时为了增强报道的生动性和吸引力，记者可能使用修辞手法。然而，这些手法应当审慎使用，避免夸大或歪曲事实。如果报道涉及争议性话题或多方观点，记者应当尽量公平地对待各方观点，不偏袒任何一方。这有助于确保报道的平衡性和公正性。总的来说，避免故意歪曲事实是维护新闻报道道德的基本原则之一，也是保持媒体公信力的重要途径。

（三）对不确定性的诚实处理

处理不确定性时的诚实是新闻报道中的一项重要原则。在面对无法准确核实的信息时，记者应当如实地向读者说明情况，而不是随意臆测或误导。这可以通过以下方式实现：记者可以在报道中明确指出某些信息的不确定性，说明相关事实尚未被证实或存在争议。这样的声明有助于读者理解报道的可信度。如果某一信息存在不确定性，记者可以努力收集其他相关观点或意见，展示多方面的信息。这有助于读者形成更全面的认识，即使某一方面的信息不确定，整体报道仍然具备平衡性。记者可以强调他们在采访和调查过程中对事实的努力，但同时承认某些信息的不确定性。这种诚实的态度能够让读者感受到记者的专业和责任心。如果后续有新的信息或进展，记者应当及时更新报道，向读者提供最新的事实。这种及时的更新也是对读者负责的表现。通过对不确定性的诚实处理，记者不仅能够维护报道的真实性和客观性，还能够树立媒体的信任度。

（四）客观而深入的报道

记者可以寻求并采访不同立场、不同背景的人，以获取更全面的信息。这包括采访各方当事人、专家、目击者等，确保报道能够反映事件的多个层面。通过深度调查，记者可以挖掘事件背后的更深层次的信息。这可能涉及到查阅文件、分析数据、追踪事件历史等手段，以获得更全面、准确的报道材料。向相关领域的专业人士寻求意见和分析，以确保报道涵盖专业领域的各个方面。专业分析可以帮助读者更好地理解事件的背景和影响。记者应当尽量避免过度强调某一方观点，而要力求在报道中保持平衡。这包括在引用专家意见时选择不同观点的专家，以及在事件的描述中避免夸大或缩小某一方的角色。如果在报道中出现了错误，记者应当及时纠正，并向读者说明情况。这种纠错机制是保持媒体公信力的关键。通过以上方式，记者可以在报道中保持客观性，同时深入挖掘事件的真相，使读者能够更好地理解和评估所报道的内容。

（五）纠正错误

纠正错误是维护新闻媒体公信力和读者信任的必要步骤。透明度和对错误的及时纠正不仅有助于弥补报道中的不准确之处，也表明了媒体对真实性和可靠性的高标准承诺。这样的做法不仅符合道德标准，也有助于建立和保持与读者之间的信任关系。在数字时代，新闻的传播速度很快，但这也增加了出现错误的可能性。因此，对错误的快速纠正显得尤为重要。这一过程中，媒体机构需要对错误的性质和影响进行全面评估，并通过适当的渠道向读者公开道歉和更正。这种公开的处理方式有助于强调媒体的责任感，并向读者传递一个清晰的信息，即便出现错误，也会采取积极的措施进行修正。

通过坚持真实性和准确性，新闻媒体能够为公众提供可靠的信息，建立起与读者之间的信任。

二、公正和客观

新闻报道应当公正、客观，避免主观色彩过重。记者应当平衡各方观点，不偏袒任何一方，确保读者能够得到全面的信息。

（一）平衡各方观点

平衡各方观点是确保新闻报道公正客观的关键因素之一。在实践中，记者在追求平衡时可能会面临一些挑战：在报道中实现平衡时，记者可能会感到在某些时刻需要进行权衡。某些事件可能涉及到强烈对立的观点，而记者需要决定如何在报道中反映这些观点，同时保持平衡。在新闻行业，时间通常是一项宝贵的资源。记者可能受到时间限制，无法在短时间内获取所有相关方的观点。这可能导致报道倾向于第一个或最容易获得信息的来源。在某些情况下，特定事件可能受到某一方观点的主导，而其他观点相对较弱或难以获取。这可能使平衡各方观点变得更具挑战性。记者可能面临来自读者、编辑或其他方面的压力，要求在报道中表达特定的观点。这可能对平衡各方观点造成影响，尤其是在涉及敏感问题时。面对这些挑战，记者需要保持专业判断，尽力确保报道的平衡性。透明度和对读者的解释也是关键，让读者了解记者的决策过程，以建立信任。

（二）不偏袒任何一方

确保不偏袒任何一方是新闻报道的基本原则之一，以维护报道的公正性和客观性。在实践中，实现这一目标可能涉及到以下几个方面的挑战：记者需要小心处理与各方之间的关系，避免与相关人士建立过于亲密的关系，以免影响报道的客观性。这包括与政府官员、商业利益相关者等的接触。记者在报道中要尽量避免表露过于明显的个人或团队立场。即使记者可能有自己的观点，也应当设法在报道中保持中立。在涉及争议性问题时，记者可能面临来自不同方面的压力，要求表达某种立场。在这种情况下，记者需要坚持保持中立，不受外部压力的干扰。记者需要小心处理与广告商或赞助商的关系，以免广告或赞助影响新闻报道的内容。广告和新闻之间的明确分隔对于保持报道独立性至关重要。记者应当时刻强调独立性，让读者了解他们的报道不受任何外部影响的左右。这涉及到对读者的透明度，以建立信任关系。在应对这些挑战时，记者需要保持专业的道德标准，不受外部因素的左右，确保新闻报道能够客观、真实地呈现事实。

（三）审慎使用评论和分析

审慎使用评论和分析确实是维护报道客观性和准确性的重要手段。在处理评论和分析时，记者可以采取一些具体方法：评论和分析应该建立在可靠的事实和数据基础上，避免过度依赖主观猜测或未经证实的信息。这有助于确保评论的准确性和可信度。在评论和分析中，记者应该努力呈现不同的观点，而不是偏向某一方。这有助于读者形成更全面的理解，而不是仅仅接受记者的个人看法。记者在撰写评论和分析时应清晰地区分事实陈述和个人意见。读者需要知道何时是记者在陈述客观事实，何时是记者在表达个人看法。评论和分析中的表达应该避免过度情绪化，以免影响读者对信息的客观理解。言辞要冷静、理性，避免夸张或过于感性的表达。记者在评论和分析中要遵循职业操守，不发表个人观点来误导读者。要确保评论的内容符合新闻伦理和道德规范。通过这些方法，记者可以在评论和分析中保持审慎，确保这些元素有助于加深读者对事件的理解，而非成为主观色彩过重的工具。

（四）多元文化和多样性的呈现

多元文化和多样性的呈现确保了新闻报道更加全面、公正，反映了社会的真实面貌。在实践中，记者可以采取以下措施来促进多元文化和多样性的呈现：记者在选择采访对象时，应该广泛覆盖不同社群和文化背景的人士。这包括各种族群、宗教、性别、年龄等方面的多元代表。在报道中，记者应该尊重不同文化之间的差异，避免以自己的文化观点来评价或解释其他文化。理解和尊重文化多样性有助于减少对特定社群的刻板印象。选择报道主题时，记者可以考虑社会中存在的多元性，关注不同群体的生活、经验和观点。这有助于打破单一故事的局限，展现更为真实和全面的画面。新闻机构可以通过构建多元化的编辑和报道团队来促进多样性的呈现。拥有来自不同文化背景、性别、年龄的团队成员可以提供不同的视角，确保报道更具多元性。关注社群关切，报道社会中存在的多元问题和挑战。通过深入了解社群的需求和期望，新闻报道可以更好地反映社会的多元性。

通过这些做法，记者可以在新闻报道中更好地呈现社会的多元文化和多样性，为读者提供更为丰富和真实的信息。

通过在报道中贯彻这些原则，新闻机构可以更好地满足读者对公正客观信息的需求，增强媒体的可信度和信誉。

三、隐私权和尊重

隐私权和尊重是新闻报道中不可忽视的重要道德标准。以下是关于隐私权和尊重的一些关键原则和实践：

（一）尊重隐私权

尊重隐私权是新闻报道中的基本道德准则之一。这一原则的体现有助于维护被报道个体的合法权益，并确保新闻报道在道德和法律框架内进行。以下是关于尊重隐私权的一些具体实践：记者在报道中应当审慎选择披露哪些信息，尤其是那些属于个人私密细节的信息。不必要的披露可能对被报道个体造成不必要的困扰和伤害。尽管尊重隐私权是原则，但在一些情况下，报道涉及的信息可能涉及到公共利益。在这种情况下，需要平衡公共利益与个人隐私权之间的关系，确保报道的必要性。家庭生活通常是个人的私密领域，记者应当避免在报道中过度涉及个人的家庭生活，除非这涉及到公共利益或被报道者已经同意。在一些情况下，记者可以考虑匿名报道，以保护个体的隐私。这需要谨慎判断何时使用匿名报道，并确保匿名报道的信息仍然具有可信度。敏感信息，如个人身体健康状况、家庭关系等，应当得到更为谨慎的处理。在使用这些信息时，需要确保其真实性，同时避免造成被报道者的伤害。记者在报道中必须遵守相关的法律规定，特别是涉及到隐私权的法律。各国的法律标准可能不同，记者应当了解并遵守所在地的法规。记者有责任与被报道者沟通，尊重其隐私权。在可能的情况下，与被报道者达成共识，尤其是在涉及敏感信息的情况下。通过以上实践，记者能够更好地尊重被报道者的隐私权，确保报道既具备公共利益，又符合伦理和法律规定。

（二）敏感信息的谨慎使用

敏感信息的使用确实需要极大的谨慎。记者在报道时应该始终牢记以下原则：个体的隐私权是应该得到尊重的基本权利。记者在报道时要确保不侵犯当事人的隐私权，尤其是涉及到个人身体健康和家庭状况等私人领域的信息。使用敏感信息时，必须确保信息的真实性和客观性。记者有责任核实所获取的信息，避免因错误的信息导致对当事人的误导或伤害。在某些情况下，披露敏感信息可能符合公共利益，比如揭露腐败、危害公众安全等。但是，记者需要仔细平衡公共利益和个人隐私，确保所做的报道是正当的、必要的。在可能的情况下，记者应该尽量获得当事人的知情同意，特别是在涉及他们个人生活的敏感信息时。这是尊重当事人意愿和保护隐私的一种方式。记者在报道中应该遵循最小披露原则，只披露必要的信息来支持报道的真实性和公共利益，而不是过度披露敏感信息。记者应该遵循相关的职业道德准则和行业规范，这些准则通常包括对隐私的尊重和负责任的报道原则。在处理敏感信息时，记者的职责是确保公众得到准确、客观的信息，同时尽量避免对当事人的不当侵犯。这需要记者在职业道德和法律框架下行使自己的责任。

（三）合法获取信息

确保信息的合法获取是保护隐私和维护记者职业操守的关键。以下是一些合法获取信息的原则：记者有权在公共领域获取的信息，这包括公开发表的信息、公共文件、公开会议记录等。这些信息是公众可见的，不需要特别的许可。记者可以通过合法的授权方式获取信息，比如经过当事人同意的采访、正式文件的请求等。确保获取信息的过程中有相关的授权文件是非常重要的。记者可以通过法定程序获取信息，比如依法申请访问公共记录、请求政府文件、遵循司法程序等。在这种情况下，要确保遵循法律程序，以免侵犯当事人的权利。记者在获取信息时需要平衡法律和道德的考量。即使某些信息可能是合法获取的，但如果披露可能对当事人造成严重伤害，记者可能需要重新评估披露这些信息是否合适。记者有权保护自己的新闻来源。在某些情况下，记者可能会被法律豁免，以保护他们的新闻报道不受不当干涉。总体而言，合法获取信息是确保新闻报道的真实性和公正性的基础。记者应当深入了解和遵守国家和地区的法律法规，同时保持高度的职业操守。

（四）公共利益与隐私平衡

确保公共利益和隐私之间的平衡是新闻报道中的一项关键挑战。在涉及公共利益和敏感信息的情况下，记者可能需要考虑以下原则：如果新闻报道涉及到重大的公共利益，如公共安全、环境问题、重要社会事件等，披露某些敏感信息可能是合理的。在这种情况下，新闻机构通常需要确保报道的目的是为了服务公众，并且披露的信息对公众具有重要价值。新闻报道披露的敏感信息必须在法律和道德的范围内。记者应当遵循国家和地区的法律法规，确保报道的合法性和合理性。此外，披露的信息应当是为了实现报道的合理目的，而不是过度曝光。记者需要仔细权衡公共利益和个体隐私权。这包括评估报道的重要性、信息的敏感性、对当事人的潜在影响等因素。在一些情况下，可以通过保持对个人身份的匿名或使用模糊化的方式来减轻隐私的影响。记者在决策中可以参考新闻道德准则，例如，尊重事实的真实性、敏感信息的谨慎使用等。新闻机构的道德标准可以提供指导，帮助记者在复杂情况下做出合适的决策。在披露敏感信息时，新闻机构可以通过提供透明度和解释的方式，向公众说明为何披露这些信息，以及如何权衡了公共利益和隐私权。这有助于建立信任和理解。在任何情况下，记者都应该对敏感信息的使用保持慎重，确保新闻报道符合法律和伦理标准，同时尽量减轻对当事人的影响。

（五）尊重受访者的权利

受访者应该是自愿参与采访的，不应该受到任何形式的强迫或压力。记者在与受访者联系和安排采访时应当明确说明采访的目的、内容和使用方式，确保受访者对参与的过程有清晰的了解。记者应当在采访之前告知受访者采访的目的、范围和可能使用的方式。这有助于受访者做出知情的决策，了解他们将要分享的信息可能被用于何种用途。受访者有权选择回答或不回答某些问题。记者在采访中应当尊重受访者的选择，不应当强迫、过分追问敏感或不愿回答的问题。受访者对采访内容的最终编辑权也应当得到尊重。记者在编辑和报道采访内容时，应当谨慎处理，并尽量保持对受访者陈述的准确性和整体性。记者应当尊重受访者的隐私权，避免公开或透露可能对受访者造成不适或伤害的私人信息。敏感信息的使用应当在符合伦理和法律规定的前提下进行。记者可以主动提供反馈渠道，让受访者在采访后能够表达他们对采访过程的看法，并提供对报道内容的反馈。这有助于建立信任和透明度。尊重受访者的权利不仅是对个体尊严的尊重，也有助于建立记者与受众之间的信任关系，维护媒体的公信力。

（六）尊重受访者的感受

记者在选择用词和表述时，应当避免使用可能对受访者造成伤害或不适的措辞。特别是在涉及敏感话题或个人隐私的情境中，要特别谨慎。受访者的文化背景可能影响他们对某些表述或描绘的敏感程度。记者应当尊重多元文化，避免使用可能引起误解或冒犯的表述。如果报道中包含受访者的图像或视频，记者应当审慎选择和编辑这些素材，以确保不会对受访者造成不适。在涉及私人场景的情况下，更需要慎重处理。有些话题可能涉及到心理健康问题，记者在报道时应当谨慎处理，避免对受访者的心理健康造成负面影响。记者在采访前可以与受访者沟通，了解他们对于报道的期望和顾虑。这有助于建立信任关系，并在报道中更好地考虑到受访者的感受。通过尊重受访者的感受，记者能够更好地平衡新闻报道的真实性和对个体的敬意，确保报道在道德和伦理上的可持续性。

（七）透明度与同意

确保透明度和获得同意是维护新闻报道伦理的关键步骤。在这方面，记者可以采取以下措施：在采访前，向受访者说明报道的目的和主题。让他们了解为何进行这个报道，以及可能涉及的敏感信息。向受访者解释报道可能带来的后果，包括对其个人隐私的影响。这有助于他们更好地理解报道的可能影响。在可能的情况下，可以要求受访者提供书面同意。这是一种明确的方式，确保受访者了解并同意其信息被用于报道。在采访的过程中，记者可以随时解释和确认采访的目的，确保受访者没有误解或感到不适。记者应当尊重受访者的选择权，即使在采访过程中，如果受访者选择不回答某些问题或撤回同意，记者应当予以尊重。通过确保透明度和获得同意，记者能够在报道中更好地平衡新闻的真实性和对受访者权利的尊重。这也有助于建立可靠的关系，提高报道的可信度。

通过遵守这些原则，记者能够在新闻报道中保护个体的隐私权，和受访者建立信任关系，并确保报道的合法性和公正性。

四、独立性和诚信

新闻机构和记者应当保持独立性，不受政治、商业或其他利益的干扰。诚信是新闻报道的基石，记者应当遵循职业操守，勇于揭露真相。

（一）独立性

独立性是新闻行业的基石之一，确保了报道的客观性、公正性和可信度。独立性体现在多个方面：新闻机构和记者应当远离政治势力的影响，不受政治压力干扰。这确保了报道不受政治立场的左右，能够客观公正地呈现事实。新闻机构和记者应当避免受到商业利益的左右。广告商和赞助商的压力不应影响报道的内容，以保持对事实的独立解读。编辑和记者有权自由选择报道的主题和角度，不受上级、广告商或其他方面的控制。编辑的独立性确保了报道的多样性和深度。记者应当遵循职业操守，不受任何外部因素左右其报道的真实性和客观性。这包括在采访和编辑过程中保持客观和中立的立场。新闻机构和记者应当在社会中保持独立的地位，不受社会压力或公众情绪的左右。这确保了报道不受情绪化的影响，能够客观地反映事实。独立性的坚持有助于新闻行业提供真实、客观、公正的信息，维护公众对新闻的信任。这是新闻媒体在民主社会中发挥其监察和信息传递职能的关键。

（二）追求真相

对真相的追求是新闻行业的核心原则之一。记者在报道中应当本着客观、公正、实事求是的原则，通过深入的调查和事实核实，确保呈现给公众的信息是准确而真实的。在追求真相的过程中，有几个关键点需要注意：记者需要具备扎实的调查能力，能够深入挖掘事件的背后，并获取可靠的信息。这包括采访相关当事人、查阅文件资料、收集证据等。在报道中引用的信息和数据应当经过严格的事实核实，确保其准确性。记者有责任避免传播虚假信息，对于不确定的情况，应当进行更深入的调查。记者应当保持独立思考的能力，不受外部压力和干扰。即使在面对复杂的情况和涉及敏感问题时，也要坚持真相追求的原则。真相追求不仅仅是为了满足好奇心，更是为了维护公共利益。揭示事实真相有助于公众了解事实，形成独立的判断，推动社会的正义和公正。在新闻报道中，勇于追求真相是对公众负责的态度，是对职业操守的尊重，也是新闻行业树立声望和信誉的关键之一。

（三）职业操守

职业操守是新闻从业者应当严守的基本准则。维护新闻报道的品质和公信力，建立公众对新闻媒体的信任，离不开记者本身对职业操守的遵循。在这一点上，有几个关键的方面需要特别注意：记者应当努力确保报道的准确性。歪曲事实、故意误导读者是违反职业操守的表现。对于复杂或敏感的信息，应当更加谨慎核实事实，确保报道的真实性。记者在报道中应当保持客观公正的立场，不偏袒任何一方。操纵报道以符合特定观点或立场是违反职业操守的行为，有损于媒体的公信力。记者应当独立于政治、商业或其他利益的影响。如果记者受到外部压力，导致违背事实和公正原则，将损害新闻报道的质量和可信度。记者不应当接受任何形式的贿赂或其他不正当手段。保持独立性和客观性是维护职业操守的基础，而受贿则会破坏这一基础。在采访和报道过程中，记者应当尊重受访者的权利和感受，避免使用可能对其造成伤害的表述或图像。遵循这些职业操守原则有助于确保新闻报道的品质和公信力，建立媒体的可信度和声望。

（四）透明度

透明度在新闻报道中扮演着关键角色。新闻机构和记者应该秉持公正、客观的原则，确保其报道来源的可追溯性。通过公开解释报道的来源和处理过程，新闻机构能够向公众展示他们的专业性和道德标准。这种透明度不仅仅是对公众负责，也是对新闻行业自身的一种负责。在面临挑战时，例如涉及争议性话题或受到质疑时，新闻机构和记者应当勇于接受审查，并及时公开澄清。这种开放的态度有助于打破信息的封闭性，防止谣言和不实信息的传播。通过向公众展示他们的调查和报道过程，新闻从业者能够建立起更加稳固的信任关系。透明度还有助于消除信息不对称，使公众更好地理解新闻报道背后的动机和选择。记者应该主动提供足够的信息，让读者了解报道的全貌，而不是仅仅呈现表面的事实。这种全面的透明度有助于培养公众对新闻媒体的信心，使他们更愿意接受并相信媒体的报道。总的来说，透明度是新闻报道中不可或缺的一环。它不仅是一种对公众负责的表现，也是新闻从业者维护自身声誉和行业信誉的有效途径。通过始终保持透明，新闻机构和记者能够在信息时代中更好地履行其社会责任。

（五）不造假

不造假是新闻从业者应当遵循的基本原则之一。记者在进行报道时必须以事实为基础，切忌制造虚假信息。这一原则的遵循对于维护新闻报道的可信度至关重要。制造虚假信息不仅是对读者的欺骗，更是对新闻伦理的严重背离。记者的责任是为公众提供真实、准确的信息，而非创造虚构的场景或事件。虚假信息的传播可能导致严重的社会后果，损害公众对新闻媒体的信任，甚至引发混乱和误导。新闻报道的可信度建立在读者对信息的信任之上。如果读者怀疑报道的真实性，那么整个新闻行业的声誉都将受到损害。因此，记者应该时刻保持对事实的敬畏，通过深入调查和准确的报道，确保他们的工作不受到质疑。在数字时代，信息传播的速度和广度都得到了极大的提升，因此遵循不造假的原则显得尤为重要。记者在社交媒体和其他平台上发布的信息可能瞬间传播到全球，因此对信息的准确性和真实性要求更为严格。只有避免虚构和捏造，记者才能真正履行好他们的社会责任，为公众提供可信赖的新闻信息。独立性和诚信的坚持有助于维护新闻业的信誉和社会对新闻的信任。这对于提供公正、准确和可信的信息至关重要。

五、社会责任

（一）社会责任感的基础：关注公共利益

选择报道主题时考虑公共利益的重要性和影响。

在新闻报道的初步阶段，记者应当认真考虑选择哪些主题进行报道。这不仅仅是为了迎合观众的兴趣，更是要将公共利益置于首位。考虑某一主题对社会的重要性、影响以及潜在的改变，确保报道的内容能够真正服务于社会的整体需求。

社会问题往往隐藏在表面之下，而记者的任务就是挖掘这些问题并将其呈现给公众。揭示社会问题有助于引起社会的关注和思考，这种揭示不仅仅是为了曝光问题，更是为了促进社会的进步。通过深入报道，记者可以成为社会改革的倡导者，通过公众关注推动问题的解决和社会的进步。

记者的报道不应仅仅满足特定群体的需求，而是要服务于整个社会大众的利益。这包括对不同社会层面、群体和利益的充分关注。通过在报道中反映多样性，记者能够确保信息的广泛传播，使更多人从中受益。

社会责任感的巅峰体现在记者成为社会的监督者和改革的促进者。通过深入的调查和持续的关注，记者可以揭露腐败、不当行为和社会不公正，推动改革的发生。这就要求记者有勇气面对权力，敢于发声，以维护社会的公正和公平。

总体而言，关注公共利益是社会责任感的基石。记者在选择报道主题、揭示社会问题、服务社会大众和成为改革的推动者时，都应时刻保持对公共利益的敏感性和关注，以确保他们的工作真正为社会做出积极的贡献。

（二）引导舆论的方向：向正面发展

记者在报道中不仅仅是信息的传递者，更是社会舆论的引导者。因此，他们有责任在报道中营造积极、向上的社会形象。记者选择报道主题时考虑其积极性，以及通过报道方式呈现社会的正面面貌。记者在选择报道主题时，应该优先考虑那些正能量的故事。这包括关于个体奋斗、社区互助、创新成就等积极向上的方面。通过这样的报道，记者能够为社会传递正面的信息，激励公众积极参与社会建设。在报道中，记者有责任强调社会中的正面价值观。这可能涉及到对公正、诚信、友爱等价值的强调。通过突出这些正面价值观，记者有助于引导公众关注社会的积极发展方向，塑造社会共同的价值共识。虽然报道负面信息是不可避免的，但记者有责任在呈现时避免过度渲染，防止产生恐慌或消极情绪。通过平衡报道，突出问题解决的努力和积极成果，记者能够更好地为社会塑造积极的文化氛围。记者通过选择正面主题、报道正能量的故事以及强调正面价值观，共同为社会塑造积极的文化氛围。这有助于提高公众的信心和乐观情绪，推动社会向更加积极向上的方向发展。在引导舆论的过程中，记者的责任不仅在于呈现客观事实，更在于通过选择、强调和平衡，引导公众关注社会的正面力量，激发社会的正能量。这是社会责任感的体现，也是记者对于社会建设的积极贡献。

（三）深思对社会的影响

记者应该在整个报道过程中保持对自己工作的反思意识。这包括对选择报道主题的考虑、对采访对象的提问方式、以及对信息的处理等方面。通过不断反思，记者能够更清晰地认识到自己的报道可能对社会产生的影响。在报道敏感话题时，记者需要特别谨慎，以免引发不必要的恐慌或混乱。对于涉及隐私、安全等方面的信息，记者应该审慎权衡报道的必要性和可能的负面影响。记者有责任确保报道的准确性，避免误导公众。这包括避免刻意夸大事实或以夸张的方式呈现信息。通过提供客观、准确的报道，记者能够建立起公众对新闻媒体的信任，而不是加剧信息的混乱。客观性是新闻报道的基本原则之一。记者应该努力保持中立，不受个人观点或立场的影响。通过深入调查、多方核实信息，并充分呈现不同观点，记者能够确保报道的客观性，使公众能够形成自己独立的判断。深思对社会的影响并不仅仅是在道德层面上的考量，更是对报道质量的要求。记者通过深入思考，能够更好地理解报道主题，挖掘更深层次的信息，从而提高报道的深度和广度，为公众提供更有价值的信息。总体而言，深思对社会的影响是记者履行社会责任的关键一环。通过谨慎处理敏感话题、避免误导和夸大、确保客观性，记者能够提高报道的质量，真正为社会做出积极的贡献。

（四）传递积极信息

记者在选择报道主题和内容时，应该努力传递积极、正面的信息。这包括关注那些具有启发性、鼓舞人心的故事，以及那些展现社会中积极面貌的信息。通过积极正面的报道，记者有助于提升公众的信心和乐观情绪。记者有责任强调社会中的成功案例和进步成就。这种报道不仅鼓舞人心，还有助于树立积极的社会形象。通过关注那些克服困难、实现成功的个体或组织，记者能够为社会塑造正面的发展方向，激发公众的正能量。新闻平台是传递信息的重要渠道，记者可以利用这个平台传播鼓舞人心的故事。这可能包括视频报道、专题报道、人物专访等形式，通过生动有趣的方式向公众展示社会中积极向上的一面。通过新闻平台的力量，这些正面信息能够更广泛地传播，影响更多的人群。记者的工作不仅仅是记录事实，更是塑造社会的氛围。通过选择、强调和传递积极信息，记者能够激发社会的正能量。这有助于建立一个乐观、向上的社会氛围，推动社会更好地应对挑战，促进共同发展。通过传递积极信息，记者在社会中扮演了塑造舆论、引领社会价值观的重要角色。这不仅使新闻报道更具社会责任感，也为公众提供了更积极、正面的信息，有助于构建一个更为乐观向上的社会氛围。

（五）持续反思

报道完成并不是工作的终点，而是一个新的起点。记者需要在报道完成后持续反思其工作对社会的实际影响。这包括关注公众的反馈、对话和社会的变化，从而更好地了解自己的报道如何塑造公众认知。对于公众的反馈和批评，记者需要保持开放态度。这意味着不仅要倾听批评，还要从中学习。批评是一种宝贵的信息源，有助于记者认识到报道可能存在的不足之处，并在未来的工作中加以改进。记者应该通过持续的反思和学习，不断改进报道方式。这可能包括提升采访技巧、改进写作风格、更准确地选择报道主题等。通过对之前报道的经验进行总结，记者能够逐步提高自己的专业水平，为社会提供更为优质的新闻信息。新闻行业发展迅速，记者需要保持学习和成长的状态。这不仅包括了对新闻行业的了解，还包括对社会、科技、文化等多领域的关注。通过不断学习，记者能够更好地适应社会变化，更深刻地理解复杂的社会问题，提供更具深度和广度的报道。记者在不断学习和成长的过程中，也应该不断提高自身的社会责任感。这包括更深刻地认识到自己在社会中的角色和影响，以及如何更好地履行社会责任。通过提高社会责任感，记者能够更有力地推动社会向正面发展。影响的持续反思是记者保持专业水平和社会责任感的关键。通过对反馈的认真对待、不断改进报道方式以及持续学习和成长，记者能够更好地履行自己在社会中的责任，提供更有价值的新闻信息。社会责任感在新闻报道中是一个全面而复杂的要求，需要记者在关注公共利益、引导舆论向正面方向发展以及深思对社会的影响等方面不断努力，以确保新闻报道更好地为社会服务。

第二节 媒体拜金主义的倾向

媒体拜金主义是指媒体过度追求利润、关注商业利益而忽视公共利益和职业道德的倾向。

一、失去客观性和中立性

(一) 偏向报道吸引眼球的话题

媒体通常在追求商业利益的同时，需要吸引更多的读者或观众，以获取高点击率、广告收入和更大的市场份额。这导致了一些社会问题，尤其是那些引人注目但不一定是重要的问题，成为媒体报道的焦点，而其他一些重要但相对沉闷或难以引起广泛兴趣的问题则被忽略。由于偏向报道吸引眼球的话题，一些重要的社会问题可能被边缘化，导致公众对这些问题的了解不足。一些重要的新闻事件可能因为商业利益而受到夸大，而其他同样重要但不那么引人注目的事件可能被忽略。一些媒体可能倾向于夸大报道以吸引注意力，而忽略了对事实的准确和客观报道。媒体可能更倾向于迎合观众的口味，而不是提供更为全面和深入的报道，这可能导致新闻过度娱乐化。一些长期存在但不那么引人注目的社会问题，如贫困、社会不公等等，可能在媒体报道中得不到足够的关注。解决这个问题的一种方式是促使媒体更注重公共责任，努力在追求商业利益的同时，提供更加客观、全面、深入的报道。公众也可以通过选择多样化的新闻来源，主动寻找并关注那些可能被忽略的社会问题，以保持对社会问题的全面了解。

(二) 忽视社会重要议题

商业压力可能导致媒体忽视那些在商业上不够吸引眼球，但在社会上却具有重要性的议题。这可能引发以下问题：由于媒体的忽视，一些重要的社会问题可能无法引起足够的公众关注，导致社会意识的缺失。一些关乎政治改革和治理的议题可能受到忽视，导致政治透明度不足，公众对政治决策的了解程度降低。一些重要的环境问题，如气候变化、生物多样性丧失等，可能因为缺乏吸引眼球的特点而得不到足够的报道。一些关于社会不平等、贫困问题的议题可能因为缺乏新闻价值而得不到足够的关注，导致公众对这些问题的认识不足。媒体的监督作用可能受到限制，一些关乎权力滥用、腐败等问题可能因为不够引人注目而被忽略。解决这个问题的关键在于鼓励媒体在商业利益的追求之外，保持对社会责任的认识。社会应该对多元化的新闻来源予以支持，同时媒体机构也应该意识到在其报道中承担起对社会的责任，确保关键议题得到适当的关注和深入报道。公众的意识和关注也是推动媒体关注社会重要议题的重要力量。

（三）偏向某些利益集团

媒体可能在报道中偏向于支持与其利益相关的公司或组织，而忽略或较少关注其他可能更重要的问题。由于对广告商或金主的依赖，媒体可能进行自我审查，不愿发布可能对这些利益集团不利的报道，从而影响报道的客观性。媒体可能选择报道那些对广告商或金主有利的信息，而忽略与之相悖的信息，导致信息选择性失之偏颇。媒体存在与广告商或金主之间的利益冲突，这可能影响对新闻报道的选择和呈现方式。当媒体与某些利益集团存在紧密关系时，可能缺乏对这些集团的有效监督，从而失去了媒体对权力的监督作用。为解决这一问题，媒体机构需要努力确保其新闻报道的独立性和客观性。这可能包括建立编辑独立性的准则、强调记者职业操守、加强内部监督机制等。同时，公众的意识和关注也是推动媒体更加独立和客观的关键因素。支持独立媒体，关注媒体的透明度和责任，是促使媒体更好地履行其社会职责的途径。

（四）信息的偏颇和失真

商业利益的影响可能导致信息的偏颇和失真，从而影响公众对事件的理解。媒体可能基于商业利益选择性地报道某些话题，而忽略其他更为全面的视角，这导致了信息的片面性。为了吸引眼球和增加点击率，媒体可能夸大或渲染某些事件，而忽略了事件的真实本质，导致信息失真。在报道中使用具有偏见的语言或表达方式，可能使得报道在传递信息时带有某种立场，而非客观中立。媒体可能倾向于使用引人注目但与事实不符的标题，从而引导读者对新闻的理解产生误导。商业影响可能导致媒体偏向于报道与广告商或金主利益相符的观点，而缺乏对多元声音和不同观点的报道。为解决这些问题，媒体机构需要积极采取措施，确保新闻报道的客观性和中立性。这可能包括建立明确的编辑准则，强调新闻报道的独立性，提高编辑和记者的职业操守，并在报道中引入多元的观点和声音。此外，加强对媒体的监督和评估，也是维护信息真实性和客观性的关键。

（五）破坏公共信任

当公众感到媒体更关注商业利益而非公共利益时，他们可能对媒体的报道产生怀疑，不再信任媒体的信息。公众可能选择性地接受信息，只信任符合其观点的媒体，而忽略其他媒体的报道，导致信息过滤和信息孤岛的问题。失去公众信任的媒体可能导致社会分裂。人们可能会形成不同的信息群体，从而增加了社会对立和分歧。失去信任的媒体在传递政治信息时可能受到怀疑，影响公众对政治决策的理解和接受。媒体在民主社会中有着重要的角色，但失去信任可能导致公众对民主价值的信仰下降，影响社会的稳定和良性发展。为了解决这一问题，媒体机构需要采取积极的措施，强调新闻报道的独立性和客观性，提高透明度，建立信任。同时，公众也有责任培养对多样化新闻来源的信任，并对信息进行批判性思考，以形成更为全面和客观的理解。建立媒体与公众之间健康的信任关系对于社会的稳定和发展至关重要。

（六）社会舆论的扭曲

由于某些议题的过度曝光，其他同样重要的议题可能被忽视，导致公众对社会问题的理解不够全面。媒体的报道选择和偏好可能引导公众对某些问题的看法，从而形成社会舆论的偏向，而非基于全面信息的客观判断。由于某些话题的过度报道，公众可能更容易关注与之相关的问题，而忽略其他同样紧迫的社会议题，导致社会焦点的失衡。社会舆论的扭曲可能导致公众对社会现象的认知失真，造成对社会问题的误解和偏见。媒体应努力提供多元化的报道，覆盖各种社会议题，确保不同领域的问题都能得到适当的关注。制定并强调编辑准则，确保报道的公正、客观，避免过度曝光某些议题。通过公众教育活动，帮助公众更好地理解社会议题，提高他们对多样性观点的接受能力。培养公众对媒体报道的批判性思考，鼓励他们主动寻找多样化的信息来源，形成更为全面的观点。通过这些努力，可以缓解社会舆论的扭曲问题，使媒体更好地履行其在社会中的责任。

在应对失去客观性和中立性的问题时，媒体需要建立更加健全的内部机制，强化编辑和审查过程，确保报道能够更客观、中立，并真实地反映社会的多样性和复杂性。此外，监管机构和公众也需要对媒体的报道保持关注和监督，促使媒体更好地履行其社会责任。

二、降低新闻质量

过度追求利润可能导致媒体不愿投入足够的资源进行深度调查和独立报道。对于一些复杂的社会问题，媒体可能更倾向于采用轻松、吸引眼球的报道方式，而不是投入时间和资源深入挖掘事实真相，这降低了新闻的质量和深度。由于资源有限，媒体可能更倾向于进行表面性报道，而忽略问题的深层次、复杂性和多面性。追求吸引眼球的报道方式可能导致信息过度娱乐化，使得新闻更加趋向于迎合短期关注，而非深度思考。缺乏足够的调查和深度报道可能导致报道缺乏充分的事实依据，容易受到误导或误解。对复杂社会问题的浅尝辄止可能导致公众只能获得问题的片段化信息，难以形成全面的理解。媒体机构需要更多地投入资源，支持深度调查和独立报道。这可能包括雇佣更多的记者和调查员，提供培训以提高新闻团队的专业水平。鼓励媒体进行独立调查，不受外部压力的影响，以确保报道的客观性和真实性。公众的关注和需求对于提高新闻质量至关重要。通过支持深度报道的新闻，公众可以促使媒体更多地关注长期、深层次的社会问题。提倡新闻教育，培养公众对深度报道的需求和欣赏，使其更愿意阅读有深度、质量较高的新闻。通过这些措施，可以帮助媒体更好地履行其社会责任，提供更为深入和全面的新闻报道。

三、炒作和夸大报道

为了吸引眼球，媒体可能夸大事实或以引人注目的方式呈现信息，导致报道的准确性受到影响。过度夸大的报道可能引发社会恐慌、紧张氛围或不必要的恐慌反应，影响社会的稳定。观众可能受到夸大报道的影响，形成错误的观点和判断，从而导致对社会事件的误解。过度炒作的报道可能对受报道对象造成负面影响，影响其声誉和形象。媒体机构应强调事实核实的重要性，确保报道的准确性。引入事实核实的机制，防止夸大和失实的报道。强化编辑的责任感，确保报道的客观性和公正性。编辑在选择和编辑新闻时应该对夸大和炒作行为保持警惕。制定并遵循媒体道德准则，规范媒体从业者的行为，促使他们在报道中遵循职业道德标准。提高公众对于夸大报道的辨识能力，鼓励批判性思考，使公众更加理性地对待媒体报道。通过这些措施，可以减轻炒作和夸大报道可能带来的负面影响，保持新闻报道的公正、准确和客观。

四、忽视公共利益

媒体可能倾向于选择商业上更受欢迎、能够吸引广告商的议题，而忽视那些可能对公众利益更为重要的议题。一些重要但商业上不受欢迎的社会问题，如贫困、环境问题等，可能被边缘化，因为它们不够引人注目，难以吸引广告赞助。由于对公共利益的忽视，媒体可能更倾向于进行表面性报道，而不深入挖掘与公共利益相关的议题。公共利益问题可能因为缺乏足够吸引眼球的特点而被过度娱乐化，导致信息的不准确和表面化。媒体在对商业广告和赞助的过度依赖下，可能失去对社会权力和机构的有效监督，削弱舆论引导的作用。由于忽视一些重要的社会问题，可能导致社会不平等的加剧，因为某些群体的利益得不到充分关注。媒体应该寻求多元化的收入来源，减少对广告和赞助的依赖，以保持对公共利益的关注。媒体机构应强化对于公共责任感的培养，明确其在社会中的监督角色。鼓励公众参与对公共利益的关注，通过舆论压力推动媒体更广泛地报道与公共利益相关的议题。提倡媒体教育，培养公众对于重要社会议题的认识，使其更有能力关注公共利益问题。通过这些建议，可以促使媒体更好地履行其在社会中的公共责任，确保对公共利益的关注不被商业利益所替代。

五、影响新闻道德

为了维护与广告商的关系，媒体可能倾向于偏袒某些观点，甚至故意掩盖或淡化一些真实情况，违背了新闻报道应该客观、公正的原则。部分报道可能受到经济利益的影响，而变得不够公正，缺乏对多元观点的呈现，从而影响了新闻报道的中立性。媒体的独立性可能受到威胁，因为为了维护与广告商的关系，可能会避免批评广告商或涉及其利益的报道，这损害了媒体的独立性。媒体机构应该建立并坚守明确的道德准则，明确报道应该遵循的原则，防止为了经济利益而违反道德。建立独立的审核机制，监督媒体的报道是否符合道德准则，确保新闻报道的真实性、客观性和中立性。提供新闻从业者道德培训，强调新闻的独立性和公正性的重要性，使他们能够更好地应对商业压力。鼓励公众参与对媒体的监督，通过舆论压力推动媒体更加关注新闻道德，提高公众对新闻的质疑意识。通过这些建议，可以帮助维护新闻报道的道德水平，防止经济利益对新闻报道产生不当的影响。

六、营销化新闻内容

为了吸引点击量和阅读，新闻标题可能被设计得更加引人注目，甚至夸大其词，而不是客观反映报道的实质。图片和视频可能被过度使用，以引起观众的感官刺激，而忽略了对事件本身的深度分析和报道。新闻内容可能过于娱乐化，更注重轻松愉快的元素，而非对事实和事件的深度探讨。过度的营销化可能导致信息过载，使公众更难以辨别真实新闻和娱乐内容之间的差异。媒体机构应强调真实性和客观性的重要性，确保报道符合新闻的基本原则，而不是过度夸大。媒体应该更加注重报道的质量而非数量，强调深度报道而非简单的点击量。编辑团队应当更加积极地监督报道，防止夸大和营销化的内容出现。鼓励公众提高媒体素养，培养对新闻的理性认知，以更好地分辨新闻和娱乐内容。通过这些建议，可以帮助媒体更好地平衡新闻和商业之间的关系，保持新闻报道的真实性和客观性。

七、影响社会凝聚力

媒体过度强调极端、争议性的话题可能导致观众更容易接触到极端观点，而较为理性和平衡的声音则被边缘化。过度强调社会矛盾和分歧可能导致社会紧张局势的升级，影响社会的和谐与稳定。这种报道方式可能减少了对不同观点和意见的理解，使社会的多元性和包容性受到威胁。媒体应该更加注重平衡报道，呈现事实的多个方面，避免过度突出社会矛盾，使报道更为客观和公正。媒体可以更积极地报道解决方案、合作案例，强调社会中共同的价值和目标，而非仅仅强调分歧和冲突。提倡公众提高媒体素养，培养对报道的批判性思考能力，以更好地分辨极端观点和真实情况。媒体可以促进公共对话，通过举办辩论、座谈会等形式，鼓励理性、平和的交流，有助于减缓社会分裂趋势。通过这些建议，可以帮助媒体更好地履行其在社会中的责任，避免过度强调社会分歧所带来的负面影响。在应对媒体拜金主义的问题上，需要媒体机构本身、新闻从业者以及公众共同努力，推动媒体更好地履行其公共责任，保持新闻报道的客观性、中立性和专业性。

第三节　假新闻与信息可信度

一、假新闻的定义和特征

（一）假新闻定义

假新闻之所以被称为"假"，是因为它们不是基于真实事实的报道，而是有意制造或传播的虚假信息。假新闻的目的通常是通过误导读者来达到某种目的，可能是引起情绪反应、塑造观点、操纵舆论等。虚假、夸大、断章取义的报道或对事实进行扭曲：这些是假新闻的常见形式。它们可能通过虚构整个故事、夸大事实的重要性、选择性地引用信息或对真实信息进行歪曲来实现目的。

（二）假新闻特征

假新闻的特征包括标题党、情感化语言、缺乏事实依据、缺乏来源验证等。这些特征使得假新闻更容易在社交媒体等平台上传播。

1. 标题党

使用引人注目的标题，经常夸大或歪曲事实，以吸引受众的注意力。这种做法使得人们更倾向于点击链接，即使内容并非真实或客观。

2. 情感化语言

假新闻往往使用强烈的情感化语言，目的是激发读者的情感反应，而不是提供客观的、理性的报道。这有助于在读者中间引起共鸣和分享。

3. 缺乏事实依据

假新闻通常缺乏真实的事实依据，或者事实被有意地歪曲。这使得它们更难以通过事实核实的手段进行验证。

4. 缺乏来源验证

假新闻可能不提供可验证的来源，或者提供的来源并非权威或可信。

缺乏来源验证使得读者更难判断信息的真实性。

5. 社交媒体传播

假新闻通常通过社交媒体平台大规模传播。这是因为社交媒体上的信息传播速度快，而且人们更容易受到朋友圈影响。

二、假新闻的影响

（一）影响社会团结

假新闻往往通过夸大、歪曲事实，强调极端观点，使得不同群体之间的观念更为对立。假新闻通常使用情感化的语言和图像，操纵读者的情绪，引发强烈反应。这可能导致人们更容易陷入"我们 vs 他们"的思维模式。由于社交媒体的算法，人们往往会被推送与他们观点相符的信息，形成信息孤岛。假新闻可能在这个过程中加剧对立。社会分裂会导致不同群体之间的沟通减少，理解减少。假新闻的传播可能让不同观点的人更难以进行建设性的对话。教育公众如何识别和应对假新闻，使人们更有能力辨别虚假信息。媒体和社交媒体平台应加强对信息的事实核实，防止虚假信息在网络上蔓延。通过各种方式促进不同群体之间的对话，增加理解和共识的机会。

（二）影响公共舆论

假新闻可能通过虚构的信息或歪曲事实，导致公众形成基于错误信息的观点，从而影响他们的认知和看法。公共舆论是政治和社会决策的重要因素，而假新闻的传播可能导致公众支持错误的政策或者反对实际有效的政策。公众舆论对于社会的行为和态度有重要影响，而基于虚假信息形成的舆论可能导致不明智的行为，甚至社会动荡。媒体应该更加重视其责任感，确保发布的信息是准确和可信的，有助于塑造更为健康的舆论环境。公众需要提升媒体素养，学会辨别真实和虚假信息，不轻信未经验证的报道。媒体机构和社交媒体平台应该采取更积极的措施来核实信息的真实性，避免虚假信息的传播。

三、假新闻的产生原因

（一）"点击经济"

"点击经济"是驱动一些媒体和平台发布假新闻的重要动因之一。点击量和流量对于许多在线媒体和平台而言是至关重要的，因为它们直接关系到广告收入和商业盈利。这导致了一些不负责任的报道，包括发布吸引眼球但未经事实核实的假新闻。为了吸引点击，一些媒体可能使用引人注目的标题和夸张的报道，而不考虑信息的真实性。追求流量可能导致一些媒体牺牲了报道的深度和质量，选择迅速制作引人瞩目的内容，而非经过深思熟虑和事实核实的报道。媒体应该认识到其在社会中的责任，并更加注重发布质量高、真实可信的报道。培养公众对于媒体素养的认知，使他们更能够辨别真实和虚假信息。媒体可以通过提高内容制作的透明度，告知读者报道的来源、事实核实的过程等信息，从而建立信任。

（二）社交媒体传播

社交媒体平台的算法往往更偏好能引发争议和情感共鸣的内容，而这些内容中可能包括假新闻。社交媒体上信息传播的速度非常快，一条虚假信息可能在短时间内迅速传播，影响大量用户。由于信息量庞大，社交媒体平台很难实时过滤和核实每一条信息，从而难以有效遏制假新闻的传播。社交媒体平台可以改进其算法，更加注重真实性和事实核实，而非仅仅关注点击和分享。提高用户对假新闻的辨别能力，让他们更加警觉，并不轻信未经验证的信息。平台、媒体和事实核实机构可以加强合作，共同努力防止假新闻的传播。

四、避免假新闻的途径

（一）媒体素养教育

媒体素养教育是应对假新闻问题的重要一环。培养公众对媒体的理解和辨别能力，使他们更具批判性思维，能够识别真实新闻和虚假信息，对于建立更为健康的信息生态系统至关重要。帮助公众学会辨别真实新闻和虚假信息的不同，包括事实核实、来源可信度、语言使用等。向公众解释媒体运作的机制，包括商业模式、编辑选择、报道标准等，使他们更了解新闻是如何制作和传播的。帮助人们提升数字素养，包括在线搜索技能、查证信息的能力，以更好地利用互联网获取信息。鼓励公众在接受信息时保持批判性思维，不轻信未经验证的消息，主动寻找多个来源的信息。这些教育措施有助于构建一个更具有媒介素养的公众，使他们更能够在信息泛滥的时代做出明智的判断。在这个方面，学校、媒体机构、社会组织都有责任和机会来推动媒体素养的提升。

（二）事实核实

事实核实是防范假新闻的一项关键工作。媒体和平台在发布信息之前进行充分的事实核实，不仅可以提高信息的准确性，还有助于建立公信力，减少虚假信息的传播。媒体和平台可以建立专门的事实核实团队，负责验证信息的真实性，并及时发布修正信息。媒体和平台可以加强合作，共享事实核实的资源和结果，形成更广泛的信息验证网络。利用技术手段，如人工智能和自动化工具，提高信息核实的效率和准确性。媒体和平台在信息发布时应强调透明度，包括来源的披露、事实核实的过程等，以增强公众对信息的信任感。这样的措施有助于建立更为可靠和负责任的信息传播体系。当公众能够信任发布的信息时，也能够更好地对待媒体和平台传递的信息。

（三）算法透明度

提高社交媒体平台算法的透明度是防范假新闻传播的重要一环。社交媒体的算法对于用户看到的信息起着关键作用，因此公开和解释算法的运作方式可以增加公众对信息流的理解，并减少算法可能带来的偏向性。社交媒体平台可以向公众透明地解释其推送算法的基本原理，包括内容排序的标准、权重分配等。过度个性化的算法可能让用户更容易沉浸在信息的

"过滤气泡"中，社交媒体平台可以采取措施减少过度个性化，呈现更多样化的信息。一些算法可能有强化用户原有观点的趋势，社交媒体平台可以努力调整算法，避免强化用户的极端观点。社交媒体平台可以与独立的审核机构合作，对其算法进行定期审查，确保其不会有利于传播假新闻或极端观点。提高算法透明度可以帮助建立更加负责任和公正的信息分发机制。

（四）新闻机构自律

新闻机构的自律是确保信息质量和公信力的关键一环。通过建立更加透明和负责任的新闻传播机制，新闻机构可以提高其可信度，减少虚假信息的传播。新闻机构可以明确并公开其报道标准，包括事实核实的流程、信息来源的验证等，以便公众了解新闻的制作过程。强调并公开新闻从业者应遵循的道德准则，包括真实性、客观性、公正性等原则，让公众知道新闻从业者的职业操守。行业内可以建立独立的自律机构，负责监督和评估新闻机构的职业操守，确保其遵守行业规范。新闻机构应当公开其所有者结构和财务关系，确保新闻报道的独立性。新闻从业者应接受有关媒体伦理和道德的培训，以提高他们对新闻责任和职业操守的认识。这些措施有助于构建更为透明、可信的新闻环境，加强新闻传播者的社会责任。

第五章　新技术对新闻采编的影响

第一节　人工智能在新闻生产中的应用

人工智能在新闻生产中的应用确实带来了许多创新和改变。以下是一些人工智能在新闻领域的应用：

一、自动化写作

人工智能可以用于生成简单的新闻报道，尤其是一些基于数据的报道，如财经报告、体育比赛结果等。这样的自动化写作可以提高效率，让新闻机构专注于更深入的报道。人工智能在新闻报道中的自动化写作方面具有许多优势，包括：

（一）提高效率

通过自动化写作，可以在短时间内生成大量标准化的新闻报道，从而提高生产效率。对于一些简单且数据量大的报道，机器可以在较短时间内完成，释放人力资源用于更复杂的任务。自动化写作的引入显著提高了新闻业的效率。机器能够在短时间内生成大量标准化的新闻报道，主要体现在以下方面：机器不受时间和疲劳的限制，可以在较短时间内生成大量标准化的报道，适应新闻产业需要频繁更新和即时性的特点。面对一些简单且数据密集的报道，如财经、体育等，机器能够迅速分析大量数据并将其转化为易于理解的新闻报道，提高了数据驱动报道的效率。自动化写作解放了人力资源，记者和编辑可以将更多的时间和精力投入到更复杂、有深度的报道和独家新闻制作上，提高了整体报道质量。机器可以在新闻事件发生后迅速生成简要报道，确保新闻机构能够快速、准确地报道突发事件，满足读者的即时需求。机器可以在较短时间内完成任务，为人类记者留出更多时间应对更复杂、需要判断力和深度分析的新闻任务。通过解放人力资源、提高报道速度和适应不同类型的任务，自动化写作为新闻产业注入了更多高效的元素，但同时也需要确保机器生成的内容保持准确性和客观性，避免潜在的偏见和错误。

（二）实时报道

自动化写作能够在新闻事件发生后迅速生成报道，确保新闻机构能够快速报道突发事件，满足读者对即时信息的需求。面对财经、体育等数据密集型领域，机器能够在接收到数据后立即分析并将其转化为易于理解的新闻报道，确保最新的数据变化能够及时传达给读者。随着社交媒体的普及，用户对新闻的即时性需求不断增加。自动化写作使得新闻机构能够更好地适应社交媒体环境，迅速发布实时报道以吸引更多的关注。由于机器不受时间限制，可以随时随地工作，为新闻机构实现全天候的实时报道，满足全球读者对即时信息的迫切需求。在信息爆炸的时代，能够在最短时间内提供最新的报道是新闻机构保持竞争力的关键之一。自动化写作使得媒体能够更好地应对竞争压力。机器可以实时跟踪事件的发展，及时更新报道，使读者能够获取到最新的信息，建立对事件的全面理解。实时报道的能力使自动化写作成为新闻产业中应对快速变化的信息需求的重要工具。

（三）标准化和一致性

标准化和一致性是自动化写作的显著特征。机器生成的内容遵循预定的算法和模板，因此具有高度的标准化。这确保了相似类型的报道在结构、格式和风格上保持一致，增强了整体的专业性。由于机器不受主观因素的影响，生成的内容避免了个体的主观色彩，使报道更加客观和中立。这对于需要客观性和准确性的新闻领域尤为重要。自动化写作可以保持统一的品质水平，不受人类因素的波动影响，每篇报道都符合相同的标准，确保了整体内容的一致性和质量。标准化使得整个新闻生成过程更为高效和可控。算法和模板的一致应用使得内容生产更迅速，同时减少了出现错误或不一致的可能性。由于内容的标准化，生成的报道可以轻松适应多种平台的要求，确保在不同媒体渠道上具有一致性的表现。在多语言报道中，机器可以保持相同的翻译标准和语言风格，确保在不同语境下传递相似的信息。高度标准化的内容生产降低了管理和编辑的成本，因为整个过程更为自动和可控，不需要大量的人工干预。虽然标准化和一致性提高了效率和质量，但同时也引发了一些关于新闻多样性和创意度的讨论。

（四）人力资源优化

人力资源优化是自动化写作带来的重要益处，自动化写作可以处理一些简单而重复的任务，如基于数据的报道，从而释放记者和编辑的时间。他们可以将更多的精力投入到需要深度思考、调查和分析的新闻任务上。记者和编辑可以更专注于制作高质量、有深度的报道，提高整体报道质量。他们有更多时间进行深入的调查和采访，产生更具深度和洞察力的新闻作品。由于机器主要处理标准化、基于数据的报道，人类记者可以在更具创造性和复杂性的领域发挥他们的优势。这有助于提高新闻报道的多样性和创意度。记者可以花更多时间进行深度调查和分析，解决更为复杂的问题。这有助于产生更具深度和洞察力的报道，提供读者更为全面的信息。机器可以为人类记者提供辅助，例如通过数据分析提供更多信息。这种人机合作可以创造更系统、全面的新闻报道。人类记者的专业判断力和道德伦理意识仍然至关重要，尤其是在处理敏感话题和复杂情境时。机器难以替代记者的人类洞察和判断。在实现人力资源优化的同时，需要确保机器生成的内容符合新闻行业的道德和质量标准。

二、信息搜集和整理

人工智能可以通过自动搜索引擎迅速搜集大量信息。智能算法能够根据编辑和记者的关键词提供相关的新闻、报道和资料，省去了大量手动搜索的时间。人工智能系统能够监测社交媒体平台，实时捕捉用户和社交媒体上的新闻事件。这种监测可以帮助编辑跟踪热门话题，及时了解公众关注的焦点。通过分析实时数据流，人工智能可以识别突发事件、趋势和变化。这有助于编辑及时获取并报道重要新闻，保持新闻报道的实时性。人工智能可以通过自然语言处理技术对新闻内容进行分类和标签。这有助于编辑将信息整理成更有条理的结构，提高新闻发布的效率。人工智能工具可以进行情感分析，评估新闻报道中的情感色彩。这有助于编辑了解报道的情感走向，确保新闻报道的客观性和公正性。人工智能可以识别文章或报道中的关键信息，帮助编辑提取出重要的事实和数据。这有助于编辑在短时间内获取必要的信息。人工智能技术可以生成新闻报道的自动摘要，提供对整个报道的快速概览。这有助于编辑在处理大量信息时更高效地浏览和筛选。基于用户的兴趣和历史浏览记录，人工智能可以为编辑提供个性化的新闻推荐，帮助他们更好地了解不同领域的新闻动态。通过人工智能在信息搜集和整理中的应用，新闻编辑和记者能够更高效地获取、整理和处理信息，提高新闻报道的速度和质量。

三、个性化推荐

通过分析用户的历史浏览记录和兴趣，人工智能可以为用户提供个性化的新闻推荐。这有助于用户更快速、准确地找到符合他们兴趣的内容，提高了用户体验。个性化推荐通过深入了解用户的兴趣爱好，可以实现更为精准的内容推送。用户能够看到更符合其口味和需求的新闻,增加阅读的满意度。当用户感到新闻内容与自己的兴趣高度匹配时,更有可能持续使用相关的新闻平台。个性化推荐有助于提高用户留存率,增加平台的活跃用户。通过分析用户的浏览历史,个性化推荐还可以推荐一些与用户兴趣相关但可能未曾接触的领域。这有助于拓展用户的兴趣广度,让他们发现更多新鲜内容。个性化推荐系统的数据反馈可以为编辑提供有关用户兴趣的信息,帮助编辑更好地了解受众需求,优化新闻内容的策划和编辑。需要注意的是,个性化推荐也可能导致信息茧房的问题,使用户只看到与其兴趣相符的内容,而忽略了多元的观点。因此,在设计个性化推荐算法时需要平衡推荐的准确性和信息多样性。个性化推荐需要收集用户的浏览历史等信息,可能涉及隐私问题。平台需要确保充分的隐私保护措施,以获得用户的信任。通过个性化推荐,人工智能为用户提供了更加个性化、精准的新闻服务,使用户能够更好地满足其信息需求。

四、语音助手和聊天机器人

语音助手可以将新闻文章转换为语音,使用户能够通过听取新闻获取信息。这种方式对于那些不方便阅读的用户更为友好。提供实时的新闻播报服务,用户可以通过语音助手随时随地获取最新的新闻动态。这种服务适用于那些希望保持实时了解的用户。基于用户的兴趣和偏好,语音助手可以提供个性化的新闻推送。用户可以通过语音指令告诉助手他们感兴趣的主题,从而获取相关的定制化信息。聊天机器人可以与用户进行实时互动,回答用户的提问、解释新闻内容,甚至提供更深入的背景信息。这种互动方式增加了用户与新闻机构之间的联系。用户可以通过与聊天机器人对话的方式进行新闻查询。机器人能够理解用户的问题并提供相关的新闻报道,为用户提供更为方便的信息检索方式。基于用户的历史互动和偏好,聊天机器人可以向用户推荐相关的新闻主题,提供个性化的新闻建议。这有助于用户发现更多他们可能感兴趣的内容。通过与用户的对话，聊天机器人可以提供更深入的解释和分析，帮助用户更好地理解复杂的新闻事件。这种互动有助于提高用户对新闻的理解水平。通过语音助手和聊天机器人的应用，新闻机构能够更全面地满足用户的需求，提供更直观、个性化的新闻服务，增强用户与新闻机构之间的互动体验。

五、媒体内容分析

媒体内容分析是人工智能在新闻行业中的关键应用之一，通过深入挖掘数据，新闻机构能够更好地了解读者的反馈和情感倾向。

（一）情感分析

人工智能可以分析用户在社交媒体、新闻评论和其他在线平台上的言论，了解用户对特定新闻事件的情感反馈。这有助于新闻机构更好地理解读者的喜好和反感点。对新闻文章进行情感分析，帮助编辑了解报道的情感色彩。这有助于确保新闻报道的客观性，并及时调整报道的语调，以符合读者的期望。通过分析大量用户评论和社交媒体上的情感倾向，人工智能可以发现关于特定话题的趋势。这有助于新闻机构跟踪公众的情感演变，及时调整报道的重心。

（二）舆论分析

人工智能可以分析用户对不同话题的关注程度，帮助新闻机构了解公众的热点关注点。这有助于确定报道的优先级和主题选择。分析用户在评论和社交媒体上的观点，帮助新闻机构了解公众对特定问题的不同观点。这种观点分析有助于编写更全面和多视角的报道。通过监测舆论，人工智能可以帮助新闻机构进行声誉管理。及时了解用户对新闻机构的评价，以采取措施改善或加强公共形象。

（三）内容优化

人工智能可以分析用户在搜索引擎中使用的关键词，了解用户关注的热点。这有助于新闻机构在报道中使用更符合读者期望的关键词。通过分析新闻网站和应用的点击率数据，人工智能可以帮助新闻机构了解哪些类型的新闻更受读者欢迎。基于用户历史阅读行为的分析，人工智能可以为每位用户提供个性化的新闻推荐，这提高了用户对内容的满意度，并增加了用户的忠诚度。

通过媒体内容分析，新闻机构可以更加敏锐地捕捉用户反馈和舆论动向，优化新闻报道，提高用户满意度。这种数据驱动的方法有助于新闻机构更精准地满足读者的需求。

六、图像和视频处理

图像和视频处理是人工智能在新闻领域中的创新应用之一，为报道提供了更富有创意和信息密度的方式。

（一）图像处理

在图像处理方面，人工智能的应用为新闻报道带来了许多创新和提升。人工智能利用图像处理技术可以自动识别图像中的物体和人物。这不仅有助于更准确地标注图片，还提高了图片的信息密度。通过场景识别，人工智能能够理解图像所代表的具体场景。这使得编辑和记者能够更好地选择和使用符合报道主题的图像。人工智能通过分析图像元素可以识别与特定事件相关的图片。这使得编辑和记者能够更迅速地获取与报道相关的素材，提高新闻报道的时效性。图像处理技术结合情感分析，可以理解图像中人物的情感状态。这有助于报道更真实、更具有情感共鸣的场景和故事。通过自动识别图像元素，人工智能可以提供更准确的图片标注和描述。这有助于提高新闻报道的视觉呈现质量，使读者更容易理解图片所传达的信息。在图像处理方面，人工智能的应用不仅提高了新闻报道的效率，还丰富了报道的视觉内容，使得新闻更富有吸引力和信息密度。这种技术的应用对于提升报道质量和吸引读者具有重要意义。

（二）视频处理

人工智能可以实时分析视频内容，识别其中的事件和关键瞬间。这有助于新闻机构更及时地报道发生的事件。在视频中应用语音识别技术，将视频中的语音内容转换为文字。这有助于提供更全面的报道，使得用户既能看到视频，又能阅读文字描述。通过人工智能，新闻机构可以实现自动视频剪辑和编辑。这节省了编辑人员的时间，使得视频制作更加高效。对实时流媒体视频进行分析，识别其中的重要信息和趋势。这有助于新闻机构迅速了解正在发生的事件，并进行及时报道。视频处理中的人工智能应用不仅提高了报道的时效性和效率，同时也为用户提供了更多元的观看方式。通过语音识别技术，用户可以更轻松地获取视频中的信息，而自动视频剪辑和编辑则使得视频制作更为灵活和高效。这种技术的应用为新闻报道带来了更多创新和可能性。

（三）创意报道

利用图像和视频处理技术，新闻机构可以创建虚拟现实报道，使用户能够沉浸式地体验新闻事件。创造交互式的图像和视频体验，让用户能够探索图像中的元素或选择不同视角观看视频。这种创意性的报道方式提升用户参与度。创意报道通过图像和视频处理技术的应用，为新闻报道带来了更富有参与感和创新性的表达方式。利用图像和视频处理技术，新闻机构可以创建虚拟现实报道，使用户能够沉浸式地体验新闻事件。这种全景式的报道方式提供了一种更加身临其境的观看体验。创造交互式的图像和视频体验，让用户能够探索图像中的元素。通过点击或拖动，用户可以深入了解图像中的各个细节，提升了用户的参与感。提供选择不同视角观看视频的功能，使用户能够自由选择观看角度。这种个性化的观看方式增加了用户的参与度，让用户更加投入到报道中。通过采用虚拟现实和交互式图像、视频，新闻机构可以创造更具创意性的报道方式。这有助于吸引更多用户，提高新闻报道的影响力。用户通过体验虚拟现实或交互式报道后，更有可能分享自己的体验和观点。这种社交分享和讨论的互动性，进一步提升了用户参与度。创意报道通过图像和视频处理技术的创新应用，不仅提升了新闻报道的观感体验，还促使用户更积极参与，并推动了新闻报道的数字化发展。这种创意性的报道方式在当今数字化时代具有重要的意义。通过图像和视频处理，人工智能为新闻报道提供了更多元、更丰富的表达方式，提升了报道的创意性和可视性。这种技术的应用不仅丰富了新闻呈现方式，也提高了用户对新闻内容的理解和参与度。

这些应用不仅提高了新闻生产的效率，也为读者提供了更多样化、个性化的新闻体验。当然，也带来了一些挑战，例如如何确保算法的公正性、避免偏见等问题。

第二节　大数据分析与新闻报道

大数据分析在新闻报道领域的应用为新闻机构提供了更全面、深入的理解，有助于更好地满足受众需求和提高报道质量。

一、受众趋势分析

（一）用户行为分析

用户行为分析通过大数据分析，为新闻机构提供了深入洞察用户行为的机会。大数据分析可以追踪用户在新闻网站上的点击热点，识别用户当前的热门兴趣点。这使得新闻机构能够更准确地了解用户关注的话题和领域。通过分析用户的阅读历史，大数据可以揭示用户对不同类型内容的偏好，包括新闻、特写、评论等。这为个性化推送提供了重要依据。大数据分析可以追踪用户在新闻网站上的浏览路径，了解用户是如何在不同板块之间切换的。这有助于优化网站布局和提升用户体验。通过分析用户在特定内容上停留的时间，新闻机构可以了解哪些新闻或主题更吸引用户，从而优化编辑策略。利用大数据分析，新闻机构可以不断优化个性化推荐算法，确保推送的新闻内容更符合用户的兴趣，提高用户满意度。基于用户实时行为数据，新闻机构可以实现实时个性化推送，确保用户接收到的新闻是最具吸引力的，提高用户留存率。大数据分析可以追踪用户对新闻的评论和分享行为，了解用户对不同新闻的态度。这为编辑提供了宝贵的用户反馈，有助于调整报道角度和策略。利用大数据分析技术，新闻机构可以设计用户调查和收集反馈的机制，更全面地了解用户的需求和期望，以进一步改进新闻服务。通过用户行为分析，新闻机构能够更精准地理解用户需求，提供个性化的新闻体验，增强用户黏性和满意度。这种数据驱动的个性化推送模式已经成为新闻业务的关键竞争优势。

（二）流行趋势识别

流行趋势识别是大数据分析在新闻报道中的重要应用。大数据分析可以追踪社交媒体平台上的热门话题，了解用户正在关注的事件和讨论。这为新闻机构提供了把握社会热点的重要线索。分析社交媒体上用户的情感表达，新闻机构可以了解热门话题在公众中引起的共鸣和争议。这有助于把握报道的角度和调性。大数据分析可以监测搜索引擎上关键词的热度变化，识别用户当前的搜索兴趣。这为编辑选择热门报道主题提供了参考。借助大数据分析，新闻机构可以优化搜索引擎优化策略，使自己的报道更容易被用户检索到，提高报道曝光度。大数据分析可以监测不同新闻平台上报道的热度和点击量，了解哪些平台的报道更受欢迎。这有助于编辑选择合适的合作伙伴和平台。借助实时大数据分析，新闻机构可以设置趋势提醒系统，及时了解热门话题的变化，保持对新闻趋势的敏感性。大数据分析结果可以成为编辑会议的重要数据支持，帮助编辑和记者更明智地选择报道的主题和角度。基于大数据的流行趋势分析，新闻机构可以实时更新报道计划，确保编辑团队紧跟时事动态，提高报道的时效性和吸引力。通过流行趋势识别，新闻机构能够更准确地选择报道主题，保持时效性，提高报道的关注度和社会影响力。这种敏锐的趋势感知能力成为新闻编辑和报道的重要战略优势。

二、新闻生产优化

(一) 编辑决策支持

大数据分析可以追踪新闻文章的评论和留言，深入了解读者对报道的态度和意见。编辑可以根据这些反馈调整报道角度和风格，提高报道的质量和受众满意度。分析社交媒体上用户对新闻的互动，包括点赞、分享等，编辑可以了解报道在社交平台上的传播效果和受欢迎程度，从而调整未来的报道策略。大数据分析可以对每篇新闻文章的点击率和阅读时长进行评估。编辑可以根据这些数据了解哪些报道更受读者欢迎，以此指导未来的报道方向。利用大数据分析工具，编辑可以实时监控报道的点击情况，及时发现热门报道并做出相应调整，保持报道的时效性和吸引力。基于大数据分析的趋势预测，编辑可以更准确地预测未来可能热门的主题，提前准备相应报道。大数据分析结果可以为编辑提供实时的决策支持，帮助编辑团队及时调整报道计划，确保新闻报道与时事保持同步。大数据分析可以揭示新闻生产流程中的瓶颈和低效环节，编辑可以根据这些数据优化工作流程，提高整体工作效率。分析不同报道类型和主题的点击率和反馈情况，编辑可以更合理地分配资源，确保投入更多精力和资源在受欢迎和有影响力的报道上。通过编辑决策支持的大数据分析，新闻机构能够更科学地制定报道策略，提高报道质量，同时优化生产流程，实现更高效的新闻生产。这为新闻业务的发展带来了重要的战略优势。

(二) 实时事件监测

实时事件监测是大数据分析在新闻报道中的关键应用之一。大数据分析可以实时监测社交媒体上关于某一事件的讨论和评论，提前发现事件的爆发趋势，为新闻机构提供预警，使其能够更迅速地介入报道。通过分析社交媒体用户的实时反馈，新闻机构可以了解用户对事件的态度和关注点，有针对性地调整报道的角度和深度。利用大数据分析，新闻机构可以实时监测新闻报道在各个平台上的点击量、转发量等数据，及时了解报道的传播效果和受欢迎程度。大数据分析可以追踪用户在新闻平台上的实时访问路径，编辑可以根据这些数据了解用户对事件的关注点和热点，进行实时的报道调整。大数据分析工具可以汇总和分析各种数据源的信息，包括社交媒体、新闻平台、搜索引擎等，形成全面的多维度数据分析报告，为编辑提供全面的信息支持。利用大数据可视化技术，新闻机构可以生成实时事件热度图，清晰展示事件在不同时间和地域的关注程度，为编辑提供直观的参考。基于实时事件监测的大数据分析结果，新闻机构可以召开实时编辑会议，及时讨论和决策如何调整报道策略，确保新闻报道的实时性和准确性。大数据分析结果可以为新闻机构提供实时的报道计划优化建议，帮助编辑团队更灵活地调整工作计划，迅速响应正在发生的事件。通过实时事件监测的大数据分析，新闻机构能够更敏锐地捕捉突发事件，实现更快速、全面的报道，提升新闻业务的竞争力。这种实时性的数据应用已经成为新闻报道中不可或缺的工具。

三、内容优化与个性化推荐

（一）内容效果评估

内容效果评估是大数据分析在新闻报道中的关键应用之一。大数据分析可以对每篇新闻文章的点击率进行详细分析，了解哪些主题或类型的报道更受读者欢迎，为编辑提供关键的数据支持。利用大数据分析工具，编辑可以实时监控报道的点击情况，及时发现热门报道并做出相应调整，保持报道的时效性和吸引力。大数据分析可以跟踪社交媒体上用户对新闻的互动，包括点赞、分享、评论等，编辑可以了解报道在社交平台上的传播效果和受欢迎程度。通过分析用户在新闻平台上的留言和反馈，编辑可以了解用户对报道的态度和意见，为优化报道内容提供实质性建议。利用大数据整合分析，新闻机构可以了解不同类型内容之间的关联性，发现用户可能感兴趣的相关主题，为内容推荐和编辑决策提供数据支持。通过大数据分析，编辑可以建立用户画像模型，了解不同用户群体对不同内容的偏好，从而优化内容策略，提高个性化推荐效果。大数据分析可以分析用户在新闻平台上的阅读深度，了解用户对文章的详细阅读情况，从而评估报道的深度和质量。通过分析用户在阅读过程中的流失点，编辑可以发现可能导致用户流失的问题，并优化内容结构和写作风格，提高用户留存率。通过内容效果评估的大数据分析，新闻机构能够更准确地了解受众反应，优化报道策略，提升报道的点击率和用户互动参与度。这种数据驱动的内容优化是新闻业务持续创新的关键一环。

（二）个性化推荐系统

个性化推荐系统是大数据分析在新闻报道中的关键应用之一。大数据分析系统可以追踪用户的历史阅读行为，了解用户对不同主题和类型的新闻的兴趣，建立用户的兴趣标签。通过分析用户的点击模式，推荐系统可以发现用户偏好的报道风格、主题或来源，为个性化推荐提供基础。大数据分析系统可以根据用户的兴趣、年龄、性别等信息建立用户画像，更全面地理解用户的特征和偏好。推荐系统能够实时更新用户兴趣模型，根据用户最新的阅读行为调整兴趣标签，确保推荐的新闻内容更符合用户的实际兴趣。基于大数据分析的协同过滤算法可以比较用户之间的相似性，向用户推荐那些和他们有类似兴趣的用户喜欢的新闻内容。内容过滤算法通过分析新闻内容的关键词、主题等信息，匹配用户的兴趣标签，为用户推荐相关度更高的新闻。根据用户实时的阅读行为，推荐系统能够实时调整推荐结果，确保用户在不同时间点看到的内容更符合其当前兴趣。推荐系统可以通过大数据分析，确保推荐结果不仅符合用户的兴趣，还具有一定的多样性，避免推送过于单一的内容。大数据分析可以追踪用户对推荐内容的反馈，了解用户的满意度和不满意度，为系统改进提供指导意见。基于用户反馈和新的数据，推荐系统可以进行模型优化，提高推荐准确度和用户体验。通过个性化推荐系统的大数据分析，新闻机构能够提供更符合用户兴趣的内容，提高用户满意度和忠诚度，同时提升广告点击率和收益。

这种个性化推荐的应用已成为新闻行业数字化转型中的关键因素。

四、舆情监测和危机管理

(一) 社会舆情监测

社会舆情监测是大数据分析在新闻报道中的关键应用之一。大数据分析工具可以实时监测社交媒体上用户对特定事件或话题的情感表达，分析情感走向，了解公众对事件的态度是正面、负面还是中性。通过分析情感强度，新闻机构可以了解舆情的紧急程度和公众对事件的情感关注度，有助于及时调整报道策略。大数据分析可以提取社交媒体和新闻平台上与特定事件相关的关键词，帮助编辑了解公众关注的核心内容。通过分析话题的热度变化，新闻机构可以了解事件的持续关注度，及时调整报道的深度和频率。大数据分析可以通过历史数据和当前趋势，预测舆论可能的发展趋势，为新闻机构提供提前准备的机会。通过分析舆论事件的演化过程，新闻机构可以更好地把握事件的发展方向，准备相应的报道策略。大数据分析可以追踪用户在社交媒体上的反馈，了解公众对报道的评价，为编辑提供改进建议。基于社会舆情的大数据分析，新闻机构可以建立危机预警系统，及时发现可能引发负面舆论的事件，采取应对措施。大数据整合分析可以将社交媒体、新闻平台等多个媒体的舆情数据整合，为编辑提供全面的舆情分析报告。通过大数据分析，新闻机构可以了解不同用户群体对特定事件的态度和观点，有针对性地调整报道策略。社会舆情监测的大数据分析为新闻机构提供了更深入、全面的舆情洞察，有助于更灵活地应对公众情感波动，保持报道的及时性和公正性。这种应用已经成为新闻业务中不可或缺的重要工具。

(二) 危机管理

大数据在危机管理中的运用是一项强大的工具。大数据分析可以监测社交媒体、新闻报道、论坛等多渠道的信息流，从而更早地发现潜在的危机信号。这有助于新闻机构在危机爆发之前采取预防性措施。大数据分析可以对舆情进行深入剖析，了解公众对于危机事件的态度和情绪。通过对大数据的情感分析，新闻机构可以更准确地了解公众的反应，有针对性地制定危机公关策略。在危机事件中，信息的准确性至关重要。大数据分析可以帮助新闻机构验证信息的来源，排除虚假信息，确保发布的新闻具有可信度。通过大数据分析，新闻机构可以更好地理解公众的关切点和热点。在危机公关中，可以通过有针对性地报道相关信息，引导舆论，减轻危机对声誉的负面影响。大数据分析可以提供危机事件发展的数据趋势，帮助新闻机构及时调整和优化危机应对策略。在不断变化的信息环境中，及时调整战略至关重要。大数据分析可以监测社交媒体上的用户评论、讨论和分享，及时发现危机事件的舆情走向。这对于新闻机构快速反应、调整策略至关重要。大数据可以分析用户行为，了解他们在危机事件中的关注点和反应。通过深入了解用户行为，新闻机构可以更有针对性地制定危机沟通策略，降低公众恐慌情绪。大数据分析不仅能帮助发现问题，还能在危机过后帮助新闻机构评估危机对声誉的影响。通过大数据分析，可以更有效地制定声誉修复策略，重建公众信任。大数据分析为新闻机构提供了更全面、实时的信息，有助于媒体更加灵活、迅速地应对危机，维护声誉。

大数据分析与新闻报道的结合为新闻机构提供了更强大的工具，使其能够更灵活、更精准地满足受众需求，同时提高报道的效率和质量。这种数据驱动的新闻生产模式已经成为新闻业务发展的重要趋势。

第三节 虚拟现实与互动新闻体验

一、虚拟现实报道

（一）全景新闻报道

全景新闻报道是一种利用虚拟现实技术创造沉浸式新闻体验的创新方

式。使用360度摄像机拍摄视频或图像，将用户置于新闻事件的中心，提供全景式的视觉体验。借助适用于虚拟现实头显的设备，如VR眼镜，让用户通过设备沉浸式地浏览全景新闻报道。结合立体声音技术，使用户能够听到来自不同方向的声音，增强空间感，提供更真实的听觉体验。通过360度视频，实时报道重大事件，使用户感受现场的紧张氛围，提高新闻的实时性。在纪录片和特写报道中使用全景技术，让观众更深入地了解故事主体和环境。在全景新闻报道中添加交互式元素，让用户可以选择不同的视角或点击物体以获取更多信息，提升用户参与度。鼓励用户通过VR设备生成和分享自己的全景新闻内容，形成用户参与的虚拟社区。面临VR设备成本高昂以及普及率的挑战，需要不断降低硬件成本以推动全景新闻报道的发展。发展更加便捷、高效的全景新闻创作和编辑工具，降低门槛，激发更多新闻机构和创作者的兴趣。全景新闻报道为用户提供了身临其境的全新新闻体验，同时也面临技术挑战和推广普及的任务。随着技术的不断发展，这一领域有望取得更多的创新突破。

（二）虚拟现实采访

虚拟现实采访是一种通过虚拟现实技术进行的创新形式，通过模拟真实的采访现场，使用户能够亲身感受和参与其中。利用虚拟现实技术，精细还原采访现场的环境、人物和氛围，使用户感觉仿佛置身于现场。添加交互式元素，让用户能够与虚拟环境中的人物互动、提问，提升用户参与感和体验深度。用户通过虚拟现实设备，如VR眼镜，能够360度全方位感知采访现场，增加沉浸感。利用虚拟现实采访技术，进行实时新闻报道，使用户能够第一时间感受到重大事件的现场氛围。运用虚拟现实采访模式，进行人物专访或纪录片制作，为用户呈现更为真实和深刻的人物故事。实现虚拟现实中的实时互动，用户可以即时提问、与采访对象交流，使采访更具参与感。鼓励用户通过虚拟现实采访平台生成自己的内容，分享观点、经历，形成虚拟社区。利用虚拟现实采访进行新闻从业者培训，提供更真实的实战演练场景，加强采访技能。开发教育性采访项目，让学生能够在虚拟环境中参与采访，拓展学科知识。挑战在于提高虚拟环境的真实感，包括逼真的图形、生动的动作表现，以更好地模拟真实采访场景。促使虚拟现实采访技术的普及，需要解决虚拟设备的成本和便携性等问题。虚拟现实采访为新闻报道带来了更具沉浸感和参与感的体验，同时也需要不断克服技术挑战，为未来新闻报道开辟新的可能性。

二、互动新闻体验

（一）可交互性新闻

可交互性新闻是一种注重用户参与和个性化体验的新闻报道形式。提供用户自由导航和选择的功能，使其能够自主浏览新闻内容，选择关注的主题或深度阅读感兴趣的部分。利用多媒体元素，如图像、视频、图表等，增加用户与新闻内容的互动性，使用户能够更深入地了解报道。提供实时更新的机制，让用户能够即时获取最新信息，并通过反馈机制参与到新闻报道的进程中。允许用户自由选择关注特定事件的发展，深度阅读相关报道，实现个性化的事件追踪。利用交互性设计，让用户能够自主选择查看数据、图表，深入了解相关统计和趋势。提供用户评论和分享的功能，使用户能够表达自己的看法，参与新闻话题的讨论。在新闻报道中嵌入投票和调查功能，收集用户意见，形成更广泛的参与。利用算法对用户阅读行为进行分析，了解用户兴趣，从而提供个性化的新闻推荐。允许用户根据个人偏好定制新闻内容，进行主题订阅，提供符合用户口味的报道。挑战在于设计直观、用户友好的界面，使用户能够轻松而愉快地进行互动。需要不断优化个性化推荐的算法，并关注用户数据隐私的保护。可交互性新闻为用户提供了更灵活、个性化的新闻阅读体验，将用户融入新闻报道的过程中，促进了用户与新闻的深度互动。

（二）决策树式报道

决策树式报道是一种交互性强、个性化呈现的新闻报道形式，允许用户根据个人兴趣和需求选择不同的报道路径。利用决策树结构，将新闻报道划分为不同分支，用户根据兴趣选择不同的分支，体验个性化报道。在报道中设置互动式决策节点，用户在每个节点都能做出选择，决定报道的走向，提高用户参与感。提供实时更新机制，使用户在做出选择后能够即时获取相应分支的最新报道，增加用户体验的实时性。适用于复杂事件报道，用户可以根据自己关心的方面深入了解，避免信息过载。对多维度的新闻事件进行报道，让用户可以选择关注自己感兴趣的方面，获取更全面的信息。用户在每个决策节点都有机会进行选择性评论和分享，形成个性化的用户互动社区。在某些节点设置调查和投票，收集用户意见，形成更广泛的参与。不断优化决策树中的推荐算法，根据用户的选择和反馈，提供更符合个人喜好的报道。设置用户反馈节点，收集用户对报道的评价和建议，用于改进报道的质量和个性化。挑战在于设计复杂事件的决策树，同时保持用户友好性，使用户轻松理解和操作。优化推荐算法，使之更具实时性，确保用户在每一次选择后都能获取到最相关的报道。决策树式报道为用户提供了更灵活、个性化的新闻阅读体验，使用户能够自主选择关注的方向，深度参与到新闻报道的过程中。

三、虚拟现实与新闻教育

(一) 虚拟现实新闻学堂

利用虚拟现实技术创建新闻学堂，为新闻从业者提供虚拟现实实训环境，培养其在特定情境下的报道技能。利用虚拟现实技术，新闻从业者可以进行实景模拟报道，例如模拟突发事件、采访场景等。这种实训环境可以让他们在安全的虚拟空间中练习和改进报道技巧。虚拟现实新闻学堂可以提供灾难报道的实践场景，使新闻从业者能够应对紧急情况，提高应对突发事件的应变能力，减少报道中的失误。利用虚拟现实，可以模拟各种采访场景，包括政治采访、社会事件采访等。这样的培训有助于提高采访技能，使新闻从业者更好地应对真实情境。在虚拟现实中，可以体验多样化的报道主题，从政治到科技，从文化到环境。这有助于培养新闻从业者对不同领域的兴趣和理解，提高他们的专业涵养。利用虚拟现实技术，可以还原真实新闻场景，让新闻从业者感受到报道现场的氛围。这种沉浸式的学习体验有助于提高对于报道环境的敏感性。不仅限于报道，虚拟现实新闻学堂也可以提供编辑和制作方面的实训，使新闻从业者熟悉整个新闻制作流程，从而更好地应对现实工作中的挑战。虚拟现实可以创建具有团队协作要素的场景，让新闻从业者在团队环境中协同工作。这有助于培养团队合作意识和能力。在虚拟现实中，可以进行多媒体报道的实践，包括视频制作、图像处理等。这有助于新闻从业者培养多样化的报道技能。虚拟现实新闻学堂可以用于演练应对不同类型新闻事件的流程，包括处理信息、采访当事人、编辑报道等。这样的实践有助于应对真实新闻事件时更从容自如。

（二）虚拟新闻沙盘演练

虚拟新闻沙盘演练是一种利用虚拟现实技术进行模拟新闻事件的实战演练，以提高记者和编辑在处理突发事件时的能力。利用虚拟现实技术创建真实感的虚拟环境，包括新闻编辑室、采访现场等，使参与者感受到身临其境的体验。设计各类新闻事件场景，包括突发事件、紧急采访、危机处理等，以模拟真实新闻环境。提供互动式体验，让参与者能够在虚拟环境中执行采访、编辑、协调等任务，增加实战感。模拟各种突发事件，如自然灾害、社会事件等，让参与者迅速做出决策和应对措施。提供实景化的采访场景，让记者学习和培训采访技巧，包括与受访者的互动、提问方式等。安排团队协作任务，演示记者、编辑、摄影师等不同岗位的协同工作，以提高团队配合效率。模拟危机处理场景，让编辑团队在紧急情况下迅速响应、制定方案，并评估决策的有效性。利用虚拟环境进行实战技能培训，强化参与者在应对新闻事件中的实际操作技能。设计虚拟环境中的任务评估机制，通过对参与者在虚拟环境中的表现进行评估，提供反馈和改进建议。面对快速发展的虚拟现实技术，需要不断更新和适应，以保持虚拟新闻沙盘演练的先进性。进行实战效果的验证和评估，确保虚拟新闻沙盘演练在提高记者和编辑实际操作能力方面的有效性。虚拟新闻沙盘演练为新闻从业者提供了一个安全、实用的训练平台，能够在模拟环境中提高应对突发事件的应急反应和团队协作能力。

四、用户生成内容与虚拟社区

（一）用户生成虚拟新闻

用户生成虚拟新闻是一种鼓励用户通过虚拟现实平台参与新闻创作和分享的方式，以创造用户参与度高的虚拟社区。建设虚拟社区平台，提供用户友好的界面，让用户能够轻松进入虚拟新闻创作环境。整合多媒体元素，包括文字、图像、视频等，以支持用户多样化的新闻表达方式。提供新闻创作工具，让用户能够选择题材、编辑新闻文本、插入多媒体元素，完成自己的虚拟新闻。设计社交功能，支持用户之间的互动、评论、分享，形成虚拟新闻社区。引入自动审核机制，检查用户生成的新闻内容，确保符合一定的质量和道德标准。设计社区评审系统，让虚拟社区成员能够参与对用户生成新闻的评审，提高内容质量。利用算法技术，根据用户的兴趣和历史行为，提供个性化的虚拟新闻推荐。提供方便的内容分享功能，让用户能够将自己生成的新闻分享到其他社交媒体平台，拓展影响力。制定清晰的社区规范，明确用户生成新闻的准则，保持社区秩序。举办虚拟新闻创作活动，设置奖励机制，鼓励用户积极参与和创作高质量内容。持续优化虚拟新闻平台的用户体验，提高用户参与度和满意度。加强虚拟新闻平台的技术安全性，保护用户隐私，防范恶意行为。用户生成虚拟新闻通过提供创作工具和社交功能，激发用户的创作热情，形成一个充满活力的虚拟社区。这种用户参与式的新闻创作方式有助于拓展新闻的多样性和广度。

（二）虚拟社区参与新闻制作

虚拟社区参与新闻制作是通过虚拟现实技术，在虚拟社区中让用户参与新闻决策过程、与记者和编辑进行互动交流的创新方式。建设虚拟社区平台，提供与真实社交网络类似的用户界面，让用户感受到社区的真实性。允许用户创建个性化的虚拟身份，包括虚拟头像、个人资料等，增加社区参与感。引入实时互动功能，允许用户参与新闻决策的实时会议，与记者和编辑进行面对面交流。在虚拟社区中组织新闻决策讨论，让用户就新闻题材、报道角度等方面提出建议和意见。提供用户新闻投稿渠道，让用户可以分享自己的新闻素材或建议，参与到新闻制作的过程中。允许用户与编辑一同编辑新闻稿件，通过虚拟协作工具实现共同创作和审查。利用虚拟现实技术创造沉浸感，让用户感觉自己置身于新闻现场，提高参与体验。设计虚拟会议室环境，提供与真实会议室类似的空间，让用户能够进行多方面的交流。提供实时的用户反馈机制，让用户了解他们的建议和意见对新闻制作的影响。设计用户奖励计划，鼓励用户积极参与，给予他们在虚拟社区中的贡献以肯定和奖励。确保虚拟社区参与新闻制作的技术可行性，包括网络稳定性、虚拟现实设备的普及等方面。实施有效的社区氛围管理，确保虚拟社区成为建设性的新闻制作平台。虚拟社区参与新闻制作通过虚拟互动和实时决策，将用户融入新闻创作的过程，推动了新闻制作的多元化和民主化。

五、增强现实与实时信息叠加

（一）AR 新闻叠加

AR 新闻叠加是一种利用增强现实技术将实时新闻信息叠加到用户的现实场景中的创新方式。开发专门的 AR 应用，支持用户在手机、AR 眼镜等设备上体验 AR 新闻叠加。设计直观、用户友好的 AR 界面，使用户能够轻松浏览叠加在现实场景中的新闻信息。实现实时新闻叠加功能，确保用户获取到最新的新闻信息。设计信息层叠方式，让用户可以选择在现实场景中叠加哪些新闻内容，保持信息清晰度。允许用户自定义新闻标签，选择关注的主题或关键词，实现个性化新闻叠加。引入手势和语音交互，让用户可以通过简单的手势或语音命令控制 AR 新闻的叠加和浏览。利用 AR 技术实现地理位置识别，确保新闻叠加内容与用户所处位置相关。添加虚拟导航功能，引导用户通过 AR 新闻叠加获取周围的新闻信息。利用 AR 技术进行实景报道，将新闻元素与实际场景融合，增强用户对新闻的身临其境感。整合多媒体元素，包括图片、视频等，提供更加丰富的新闻叠加体验。面临 AR 设备普及的挑战，需要考虑如何推动 AR 设备的普及率，使更多用户能够体验 AR 新闻叠加。不断进行技术创新，包括 AR 图像识别、实时更新算法等，提升 AR 新闻叠加的性能和体验。AR 新闻叠加通过将新闻信息融入用户的日常环境，提供更直观、沉浸式的新闻体验，增强了用户对新闻的感知和理解。

（二）AR 导航新闻

AR 导航新闻是一种基于增强现实技术的创新应用，为用户提供实时的新闻信息，并结合导航功能使用户能够更方便地获取周围环境的新闻。开发专门的 AR 导航新闻应用，支持在手机或 AR 眼镜等设备上运行。设计直观、易用的用户界面，确保用户可以轻松浏览周围环境的新闻信息。实现实时新闻叠加功能，确保用户获取到最新的新闻信息。利用 AR 技术进行地理位置识别，确保新闻信息与用户所处位置相关。允许用户自定义新闻标签，选择关注的主题或关键词，实现个性化的 AR 导航新闻。引入手势和语音交互，让用户可以通过简单的手势或语音命令控制 AR 导航新闻的叠加和浏览。将新闻信息以虚拟形式叠加在导航界面上，用户可以同时浏览导航路线和周围新闻。根据用户的位置实时推送周边环境的新闻，增强用户对周围事件的感知。利用 AR 技术进行实景报道，将新闻元素与实际场景融合，提供更生动的新闻叠加体验。整合多媒体元素，包括图片、视频等，使 AR 导航新闻更具吸引力。面临 AR 设备普及的挑战，需要考虑如何推动

AR 设备的广泛应用，以提高用户体验。不断优化新闻推送算法，确保信息的即时性和准确性，提高用户对周围新闻的信任感。AR 导航新闻将新闻与导航相结合，为用户提供更丰富的出行体验，增强了用户对周围环境的感知和了解。

六、虚拟新闻活动和讲座

（一）虚拟新闻发布会

虚拟新闻发布会是一种创新的新闻宣传方式，通过虚拟现实平台，将参与者带入逼真的新闻发布场景。设计逼真的虚拟场景，模拟传统新闻发布会的会场布置和氛围。利用先进的虚拟现实技术，包括 3D 建模、虚拟现实眼镜等，呈现高度逼真的虚拟体验。提供虚拟现实平台上的互动功能，让参与者可以在虚拟环境中进行实时互动，包括提问、回答等。通过音效、视觉效果等，使参与者感受到身临其境的真实感，增强参与者对新闻发布会的参与度。提供多个摄像头视角，让参与者可以选择不同的观看角度，自由切换关注点。在虚拟新闻发布会中实时更新新闻内容，确保参与者获取到最新的信息。设计虚拟新闻发布者角色，可以是新闻主持人或机构代表，与参与者进行互动。邀请虚拟嘉宾参与，可能是行业专家、名人等，增加新闻发布会的吸引力。提供用户定制体验的选项，让参与者可以根据个人喜好调整虚拟环境的设置。设置反馈机制，收集参与者对虚拟新闻发布会的反馈意见，用于不断优化体验。解决虚拟新闻发布会对高速网络的依赖，确保参与者能够顺畅体验。面临虚拟现实设备普及的挑战，需要推动虚拟现实设备的更广泛应用。虚拟新闻发布会为传统新闻宣传注入了新的元素，提供了更具参与感和创新性的新闻体验。

（二）虚拟新闻讲座

虚拟新闻讲座是一种创新的学习体验，通过虚拟现实技术，新闻从业者可以与学生和业界人士进行实时互动。创建虚拟演讲场景，模拟真实讲座环境，包括讲台、座位等。利用虚拟现实技术，如360度全景摄像头、虚拟演讲平台，提供沉浸感强的学习体验。提供虚拟现场互动功能，例如实时提问、讨论，使学生和听众能够参与讲座。通过音效、视觉效果等技术手段，增强参与者的身临其境感，使他们感觉仿佛真实参与到讲座中。在虚拟讲座中分享新闻从业经验、行业趋势等内容，为学生提供实用的信息。分析真实新闻案例，让学生通过虚拟环境更深入地理解新闻行业的实际操作。让讲者能够与虚拟听众进行实时互动，回答问题、进行讨论。通过虚拟现实技术，让听众感受到与讲者面对面的交流体验。提供虚拟学习资源，如讲座笔记、相关文献资料，方便学生后续学习。录制虚拟讲座，方便学生在需要的时候回顾学习。确保虚拟新闻讲座能够兼容各种虚拟现实设备，提高可访问性。解决虚拟讲座对高速网络的依赖，确保稳定的在线学习体验。虚拟新闻讲座为新闻从业者与学生提供了一种新颖、实用的学习方式，通过虚拟技术构建互动性强、参与感高的学术环境。虚拟现实和互动新闻体验为新闻报道注入了更多的创新元素，提升了用户参与度和沉浸感，为新闻行业带来了全新的发展机遇。

第六章　新闻采编的未来趋势

第一节　新闻个性化与定制化

新闻个性化与定制化是通过科技手段，根据用户的兴趣、阅读历史和偏好，为用户提供定制化的新闻体验。

一、用户画像与兴趣分析

在建立用户画像与兴趣分析方面，大数据分析发挥着关键作用。通过综合用户的个人信息、行为数据和点击记录，可以深入了解用户，为个性化推荐提供基础。收集用户的基本信息，包括年龄、性别、地理位置等，形成用户基本画像。分析用户使用的设备类型、操作系统，了解用户的科技偏好和习惯。追踪用户的阅读频率和时段，确定用户在一天中的活跃时间。分析用户在平台上的点击记录，了解用户对不同新闻类别和主题的偏好。考察用户的搜索历史，推断用户感兴趣的关键词和话题。分析用户在社交媒体上的互动，了解用户在社交网络上关注的话题和人物。追踪用户在平台上的行为路径，掌握用户在阅读过程中的兴趣演变。利用机器学习算法对用户数据进行综合分析，挖掘隐藏在数据背后的关联和规律。随着用户行为的不断变化，实时更新用户画像，确保推荐算法的及时性。通过以上手段，新闻平台能够更全面地了解用户，为个性化推荐提供更精准的信息，从而提高用户体验和满意度。

二、个性化推荐算法应用

在个性化推荐算法的应用方面，选择适当的算法对用户进行精准推荐是至关重要的。协同过滤算法基于用户行为和偏好，推荐与用户相似兴趣的新闻内容。内容过滤算法通过分析新闻内容和用户的历史行为，推荐与用户兴趣相关的内容。深度学习算法可以通过对大量用户数据的学习，更准确地理解用户兴趣，提供更个性化的推荐。确保推荐算法能够实时更新，及时反映用户行为和兴趣的变化，以保持推荐结果的准确性。采用 A/B 测试等方法评估不同推荐算法的效果，选择对用户满意度影响最大的算法。建立用户反馈机制，收集用户对推荐内容的喜好和不满意之处，用于优化个性化推荐算法。通过这些算法的应用，新闻平台能够更好地理解用户需求，提供符合用户兴趣和偏好的个性化新闻推荐服务。

三、定制化新闻首页

通过定制化新闻首页，新闻平台能够提供更符合用户兴趣和偏好的个性化体验。用户可以选择关注的新闻类别，如政治、科技、娱乐等。用户可以设置喜欢的主题，如环保、科学探索、文化艺术等。基于用户个性化设置和历史行为，利用智能推荐算法实时生成个性化的新闻推荐，确保首页展示最相关的内容。新闻首页内容应该实时更新，反映用户最新的兴趣和关注点，确保用户始终获得有价值的信息。建立用户反馈机制，收集用户对新闻首页展示的满意度和建议，用于不断优化用户体验。设计清晰、直观的界面，使用户能够方便地进行个性化设置和调整，提高用户定制新闻首页的便利性。考虑用户多维度的兴趣，可以根据用户的地理位置、阅读时段等因素进行更精准的定制。通过这些措施，用户可以在个性化定制的新闻首页上找到更符合自己兴趣的新闻内容，提高用户对新闻平台的满意度和忠诚度。

四、多渠道定制化推送

多渠道定制化推送是提高用户获取新闻便利性和个性化体验的有效方式。根据用户的使用习惯，提供多种推送渠道选择，包括但不限于：及时向用户推送重要新闻通知。将新闻内容通过社交媒体平台分享，增加曝光。定期通过邮件向用户发送精选新闻摘要。对于重要事件，可以通过短信进行提醒。允许用户设置定时推送，确保新闻在用户最活跃的时间段推送。用户可以根据自己的作息时间和习惯，选择合适的推送时段。在不同渠道上推送个性化内容，根据用户的兴趣和偏好进行定制。确保每一条推送都具有用户价值，提高用户点击率。允许用户控制推送的频率，避免过多的推送打扰用户。提供选项让用户自由选择接收频率，满足不同用户的需求。通过智能推荐算法，实现精准推送，确保用户收到的新闻内容与其兴趣高度相关，提高推送的有效性。建立用户反馈机制，让用户可以反馈对推送的满意度和建议，用于优化推送策略。通过这些策略，新闻平台可以在用户喜好的推送渠道上，以个性化、定时化的方式，向用户提供更加符合其需求和习惯的新闻推送服务。

五、用户反馈与调整

在新闻平台中设立明确的用户反馈渠道，可以是专门的反馈页面、意见箱，也可以直接在应用或网页上提供的反馈入口。确保用户可以方便地分享他们的观点和建议。通过奖励机制或参与活动的方式鼓励用户提供积极的反馈。这可以包括抽奖活动、优惠券或其他形式的奖励，以激励用户分享更多有建设性的意见。提供细化的反馈选项，让用户能够具体说明他们的喜好和不喜好的原因。例如，用户可以选择是不喜欢某一类新闻、不满意推荐频率还是其他具体的问题。对用户的反馈及时回应，表达感谢并说明对反馈的重视。这可以增加用户的参与感，使他们更愿意分享自己的看法。对用户反馈的数据进行系统分析，了解用户的共同关切点和需求。这有助于发现一般性的问题，并采取相应措施进行调整。基于用户反馈和数据分析结果，不断优化个性化推荐系统。调整推荐算法、更新推荐策略，以提高推荐的准确性和用户满意度。通过建立有效的用户反馈机制，并根据用户的反馈进行持续优化，新闻平台可以更好地满足用户的个性化需求，提高用户体验。

六、隐私保护与透明度

在用户注册和使用过程中，明确阐述平台的隐私政策，包括数据收集、存储、使用和保护等方面的详细信息。确保用户清晰了解他们的数据将如何被处理。向用户解释个性化推荐算法的运作方式，说明推荐是如何基于用户兴趣和行为模式生成的。提供简明易懂的算法解释，增强用户对算法的透明度，建立信任感。提供用户对个性化推荐设置的控制权，包括可以选择启用或禁用个性化推荐功能、选择特定兴趣领域等。用户能够自主决定他们愿意分享的信息。在可能的情况下，采用匿名处理用户数据的方式，确保个体用户的隐私得到有效保护。避免直接关联用户身份的数据泄露。加强数据安全措施，采用加密技术、安全传输协议等手段，保障用户数据的安全性，防范数据泄露和滥用风险。通过平台内的教育和提示，向用户普及数据隐私保护的相关知识，帮助他们更好地理解和保护自己的隐私。在发生数据安全事件或政策变更时，及时向用户通知，并提供清晰、详细的说明，以保持透明度和建立信任。通过积极采取上述隐私保护和透明度提高的措施，新闻平台可以确保用户在个性化推荐过程中的隐私权益得到充分尊重，同时提升用户对平台的信任。

七、多语言和跨文化个性化

确保新闻平台提供多语言选项，以满足不同语言用户的需求。用户可以根据自己的语言偏好选择平台语言，从而更好地理解和享受新闻内容。考虑不同地域和文化背景下用户的兴趣和偏好的差异。采用地域化的个性化推荐策略，根据用户所在地区或文化群体的特点，优化推荐算法，提供更符合用户背景的内容。在个性化推荐中注意文化敏感性，避免因文化差异而引发的误解或不适。对于一些可能在不同文化中具有敏感性的话题，平台可以通过调整推荐算法来确保用户接收到的信息更加贴近其文化价值观。鼓励跨文化交流和信息分享。在用户社区中创建跨文化的讨论和分享平台，促进不同文化之间的理解和交流，为用户提供更广泛、多元的新闻体验。在新闻报道中引入多元文化视角，确保不同文化背景的声音得到充分呈现。通过丰富多彩的报道形式，满足用户对多元文化内容的需求，提高平台在全球范围内的吸引力。鼓励用户参与跨文化个性化推荐的优化过程。收集用户对于跨文化推荐的反馈，了解他们的需求和期望，以不断改进推荐算法，提供更贴心、符合用户文化背景的服务。通过以上措施，新闻平台可以在多语言和跨文化场景中提供更具吸引力和个性化的服务，增强用户的文化体验。

新闻个性化与定制化通过科技手段的智能分析和推荐，为用户提供更符合其兴趣和需求的新闻内容，提高了用户对新闻的参与度和满意度。

第二节　可持续新闻模型的探索

一、环保报道

关注不同方面的环保议题，如空气质量、水污染、垃圾处理等，从多

角度深入挖掘问题的根本原因和解决方案。持续关注和跟踪国内外的环保
热点事件，及时报道相关进展和影响，为公众提供全面的信息。策划环保
专题报道和系列故事，通过连续性报道深化对环保问题的理解，形成更为
完整的信息呈现。运用数据可视化技术，将环保数据以图表、地图等形式
生动呈现，增加报道的可读性和公众参与感。通过报道激发公众对环保的
兴趣和关注，引导社会参与环保行动，同时借助平台影响力发起环保呼吁。
邀请专业环保专家和学者进行评论和分析，为公众提供专业见解，帮助他
们更好地理解环保问题。与环保组织、研究机构等建立合作关系，获取更
多专业信息和资源，提升报道的深度和权威性。通过报道向公众普及环保
知识，提升环保意识，激发人们对可持续发展的责任感。通过这些措施，
新闻平台可以不仅提供及时准确的环保信息，还能够引导公众更深入地思
考和参与环保行动。

二、民生关怀

深入挖掘社会问题，如贫困、医疗卫生、教育等，通过调查报道揭示
问题的本质和影响，引起公众的关注。通过生动感人的故事报道，展现社
会各阶层人群的真实生活，打破信息壁垒，引发公众对社会问题的共鸣。
对社会问题进行持续跟踪报道，关注问题的发展和变化，为公众提供全面
准确的信息，促使社会对问题的关注不断升温。特别关注弱势群体的权益
和需求，为他们发声，推动社会更加关注和关心这些群体的生存状况。举
办关于社会问题的专题论坛，邀请专家学者和社会活动家进行深入探讨，
同时组织公益活动，实际行动支持解决社会问题。设立反馈渠道，鼓励公
众参与讨论，收集公众对社会问题的看法和建议，形成更为全面的报道。
通过报道倡导企业和公民承担社会责任，推动社会更加关注公益事业，形
成正能量。关注国际社会问题解决的经验和方法，进行国际比较报道，为
解决本国社会问题提供启示。通过这些措施，新闻平台可以成为社会问题

的监督者和引导者，推动社会更加关注和解决民生问题。

三、反腐倡廉

开展深入的腐败问题调查报道，揭示腐败现象的产生、发展和影响，对涉及的人物和机构进行曝光。通过报道宣传国家和地方的廉政建设成果，介绍反腐倡廉政策和法规，提高公众对廉政建设的认知和支持。对政府和权力机构的行为进行监督，关注是否存在滥用职权和腐败问题，推动问责机制的建立和执行。建立新闻平台的腐败举报渠道，鼓励公众提供线索，对举报进行认真核实并进行报道，保护举报人的合法权益。定期开展反腐专题报道，总结前期成果，关注反腐形势的发展，介绍反腐成功案例，激发社会对反腐的信心。通过报道普及法治知识，提高公众对法律的了解，强调法治是打击腐败的有力工具。关注国际反腐经验，进行国际比较报道，推动国际合作，共同应对跨国腐败问题。通过报道倡导社会建立廉洁文化，鼓励公民崇尚廉洁操守，推动形成风清气正的社会风气。通过以上措施，新闻平台可以在反腐倡廉方面发挥积极作用，推动社会对腐败问题的关注和反思，促进廉政建设。

四、责任新闻采编

建立完善的事实核查机制，对涉及重要信息的新闻进行严格的事实核查，确保报道内容的真实性和准确性。在报道涉及敏感或重大事件时，采用多方求证的原则，尽可能收集不同来源的信息，以确保报道的客观性和全面性。构建具有高度专业素养的编辑团队，他们具备深厚的行业知识和新闻编辑经验，能够对复杂问题进行深入分析和解读。向公众公开新闻的制作过程，包括采访、编辑、审核等各个环节，增加新闻制作的透明度，提高公众对新闻的信任感。鼓励社会各界对新闻报道进行监督，设立举报渠道，对存在问题的报道进行调查和整改，保持对新闻机构的监督压力。建立明确的新闻伦理规范，规定新闻从业人员的职业操守和行为准则，加强对违规行为的监管和惩戒。设立读者反馈渠道，鼓励公众就报道提出意见和建议，及时回应读者的疑虑和质疑，形成良好的新闻沟通机制。对新闻从业人员进行持续的培训和提升，加强其专业素养和职业道德，提高对新闻责任的认识和执行能力。通过以上措施，新闻平台可以建立起负责任的新闻采编机制，为公众提供更加真实、客观、公正的新闻报道。

五、新闻可持续性培训

设计专门的培训课程，涵盖环保、社会公益、公正报道等方面的知识。培训内容应与可持续性发展理念相符，使新闻从业者深入了解相关议题。组织实地考察和采访活动，让记者亲身体验和了解可持续性发展项目，加深对环保和社会公益活动的认识，提高报道的深度和广度。邀请可持续性发展领域的专业人士和专家进行讲座，分享最新的发展趋势、案例分析和行业见解，为记者提供专业知识支持。组织记者分享可持续性报道的案例，进行深入的讨论和分析。通过分享成功经验和挑战，促进记者在实践中更好地应用可持续性理念。鼓励记者参与独立的可持续性项目，如环境调查、社会公益活动报道等。通过实际参与，提高记者的可持续性报道技能。随着可持续性领域的不断发展，定期更新培训内容，确保记者了解最新的发展趋势和理念。通过培训，提高记者对可持续性发展的意识，引导他们在新闻报道中更注重环保、社会责任和公正。与可持续性领域的组织、企业建立合作关系，促进跨界交流和合作，为记者提供更多深入报道的机会。通过这些培训措施，新闻从业者将更好地理解和应用可持续性发展理念，从而推动整个新闻行业向着更加可持续的方向发展。

六、跨界合作

与环保组织、非政府组织和学术机构合作，共同策划可持续发展项目。通过共同努力，可以实现更全面、深入的报道，涵盖多个领域和层面。建立与学术机构和专业领域专家的合作关系，通过共享专业资源，提供更专业的新闻报道。这有助于报道的准确性和权威性。与环保组织和非政府组织共同举办社群互动活动，促进公众对可持续发展议题的关注。这种合作可以扩大报道的影响力，形成更广泛的社会参与。与学术机构合作进行深入研究，共同探讨可持续发展的相关议题。通过将学术研究成果转化为新闻报道，提高报道的深度和专业性。参与和报道环保组织和非政府组织组织的活动，通过深度报道和专题报道，向公众传递相关议题的重要性和紧迫性。与学术机构合作，利用其研究数据进行深入分析。数据驱动的报道能够更客观、准确地呈现可持续发展的实际情况。与学术机构共同开展可持续发展教育项目，通过新闻报道向公众传递环保和可持续发展的知识，提高公众对这些议题的认知水平。整合各方资源，包括人才、技术和资金，共同推动可持续发展报道的发展。合作伙伴可以共同投入资源，实现共赢。通过这些跨界合作，新闻机构可以更好地应对可持续发展议题，提供更全面、专业、深度的报道，同时促进社会各界对这些议题的共同关注和行动。

通过以上举措，新闻机构可以在可持续新闻模型的探索中更好地履行社会责任，推动社会进步。

参 考 文 献

[1] 赵路，李东进，韩德昌 . 广告理论与策划 [M]. 天津：天津大学出版社，2009.

[2] 黎英 . 影视广告表现技法 [M]. 合肥：合肥工业大学出版社，2006.

[3] 张勇 . 广告创意训练教程 [M]. 北京：高等教育出版社，2003.

[4] 陈培爱 . 广告学概论 [M]. 北京：高等教育出版社，2004.

[5] 宋若涛 . 广告效果分析 [M]. 郑州：郑州大学出版社，2008.

[6] 蒋旭峰，杜骏飞 . 广告策划与创意 [M]. 北京：中国人民大学出版社，2006.

[7] 邬晓光，张晓 . 广告文案写作 [M]. 北京：机械工业出版社，1991.

[8] 程宇宇 . 广告文案创意 [M]. 武汉：中南工业出版社，1999.

[9] 王多明 . 广告写作技巧 [M]. 成都：西南财经大学出版社，2000.

[10] 邬晓光，张晓 . 广告文案写作 [M]. 北京：机械工业出版社，2015.

[11] 斯坦利·巴兰，丹尼斯·戴维斯著，曹书乐译 . 大众传播理论 [M]. 北京：清华大学出版社，2014.

[12] 王多明 . 广告写作技巧 [M]. 成都：西南财经大学出版社，2015.

[13] 麦德奇，保罗 B·布朗 . 大数据营销：定位客户 [M]. 北京：机械工业出版社，2013.

[14] 陈刚，等 . 创意传播管理 [M]. 北京：机械工业出版社，2014.

[15] 查灿长 . 国外高校广告教育研究 [M]. 上海：上海三联书店，2013.

[16] 大卫 . 新规则：用社会化媒体做营销和公关 [M]. 北京：机械工业出版社，2013.

[17] 陈刚，等 . 创意传播管理——数字时代的营销革命 [M]. 北京：机械工业出版社，2014.

[18] 陈刚，李丛衫 . 关键时刻战略：激活大数据营销 [M]. 北京：中信出版社，2014.

[18] 杨保军 . 新闻理论教程 [M]. 北京：中国人民大学出版社，2005.

[19] 陈力丹，陈俊妮 . 传播学纲要 [M]. 北京：中国人民大学出版社，2013.

[20] 段鹏 . 传播学基础：历史、框架与外延 [M]. 北京：中国传媒大学出版社，2013.